Rauhnächte, Dämonen und Weihnachtsbäckerei

Das tiefe, alte Wissen der Rauhnächte

erzählt von

Baldur, dem Sohn der Perchta

Inhalt

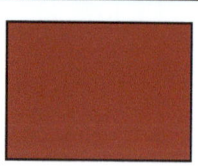

Backrezept

Backe, backe Kuchen!
Der Bäcker hat gerufen!
Wer will guten Kuchen backen,
der muss haben
SIEBEN SACHEN.

Zucker und Schmalz,
Butter und Salz,
Eier und Mehl,
SAFRAN
macht den Kuchen gel!

Worum handelt es sich bei diesem Lied?

Ist es ein Backrezept?

Für Kinder?

In Versform?

Ein Back – Lied?

Die Melodie geht uns ins Ohr und wir haben sie vielleicht alle als Kinder schon einmal gehört.

Auch ich hatte sie im Kindergarten kennen gelernt und jedoch über die Jahre vergessen.

Als meine Tochter in den Kindergarten kam, brachte sie dieses schöne kleine Lied vom Kindergarten wieder mit nach haus, zu mir, dem Baldur, der nun dankbar war, weil er sich wieder daran erinnerte.

Mir ist dieses Lied schon als Kind seltsam aufgefallen, da ich mich zunächst fragte, was der Begriff „gel" bedeutet. Als ich in mich hinein gehorcht hatte und erkannte, dass es „gelb" heißt, fragte ich mich, warum ein Kuchen denn gelb sein soll.

Mein Inneres, mein tiefes, nicht an zeitliche und räumliche Maßstäbe gebundenes Erinnerungsvermögen ist wie ein Juwel, eine natürliche Perle oder ein klarer Diamant.

Es zeigte mir auf, dass dieses Lied auf einer Ebene als Backrezept für Kuchen verstanden werden kann. Auf einer anderen Ebene ist es sogleich ein Hinweis auf eine alte mystische Weisheit. Hier wird überliefert, wie eine alte spirituelle Weltsicht aus den Zutaten des Lebens und den Zutaten des Lichts einen ganzen Menschen machen kann, der nachher gar, „gel" gebacken und in seinem Wesen erleuchtet, vollkommen, „goldgelb" geworden ist.

Frau Mahlzahn

„Danke, dass ihr mich nicht getötet habt!",

vernehmen die Kinder eine leise, bedächtige Stimme.

Der alte Drache, der die Kinder immer geknechtet und geärgert hat, getriezt, geschunden und doch nicht zerstört, begibt sich nun auf seine letzte Reise.

Die Reise ins Licht.

„Sie wird ein goldener Drache",

erklärt der kleine, kindliche Diener des Königs.

So ist es mit allen Wesen.

Wir Menschen sind geneigt, das Unangenehme abzulehnen und Menschen oder Wesen, die uns Schaden zufügen, als „böse" abzustempeln. Dabei sind diese die Hebammen unserer inneren Kräfte.

Ohne die Strenge der Frau Mahlzahn hätten die Kinder ihren Mut nicht geboren.

C. „Bully" H. hat uns in seiner Version – und der seines großartigen Teams – der Geschichte von Jim Knopf, der „wilden 13" und Lukas dem Lokomotivführer eine tiefgründige Fassung einer

Erzählung geschenkt, die auf dieses alte Wissen zurück greift: Die Läuterung des Menschen.

Auch in der buddhistischen Tradition geht es um die „Läuterung der Emotionen" als zentralen Weg, um zu den „vier göttlichen Wohnstätten" zu gelangen.

Dies bringt uns die ehrwürdige Ayya Khema klar verständlich in einem ihrer Vorträge dar.

Das 13. Zeichen

„Nichts klappt!",

klagt der alte, angelsächsische Magier, der vor Normannen fliehen wollte und aus versehen durch die Zeit gereist ist, ganze neunhundert Jahre in unsere Richtung, in das Jahr 1966.

Doch dann, als Catweazle das „13. Zeichen" entdeckt – ich verrate nicht, wo es ist, für alle, die die Reise des alten Catweazle noch nicht kennen – gelangt er ans Ziel, denn er hatte von Beginn an nur einen Wunsch: Er wollte fliegen!

Wenn ich hier den Magier und Hexenmeister Catweazle als „alt" bezeichne, so geschieht dies nicht als Abwertung, sondern als Anerkennung.

Heutzutage haben wir verlernt, das Alter anzuerkennen.

Unsere alten Väter und Mütter werden heute abgeschoben in Heime, wo sie oft unfreundlichen Bedingungen ausgesetzt sind, die sie meines Erachtens nicht verdient haben.

Denn auch sie waren einst Kinder. Sie waren einst Mutter und Vater und haben für uns gesorgt.

Sie haben unsere Liebe und Anerkennung verdient.

Wenn wir lieben, wenn wir uns in den Zustand der Liebe versetzen und unseren Eltern mit Liebe begegnen, dann tun wir uns selbst auch gut damit.
Denn unser Herz kann nur eines auf einmal. Lieben oder nicht lieben.
Beides zugleich geht nicht.

Mit unseren Eltern verhält es sich wie mit Frau Mahlzahn.

Sie fördert durch ihre strenge, ruppige und von uns selbst oft als ungerecht empfundene Art die Seiten in uns hervor, die zu gebären wir uns vor unserer eigenen leiblichen Geburt vorgenommen haben.

Wir haben es uns sogar so sehr gewünscht, dass wir diese Dinge aus uns selbst heraus und ans Tageslicht bringen, dass wir dafür bereit waren, die Hölle auf uns zu nehmen, die ja auch nur ein Gefühl ist. Ein heftiges zwar, aber ein Gefühl.

Das alte Wissen um die Wiedergeburt, der Tatsache, dass wir mit unserem Bewusstsein bereits vor unserer leiblichen Geburt auf der Welt sind und Dinge bestimmen und Sachverhalte beschließen können, ist ebenfalls ein Wissen, das aus einer Zeit stammt, als Menschen in Germanien, im Norden oder in den östlichen Regionen noch das Fest oder die Zeit der Raunächte gefeiert oder begangen haben.

Wenn wir heute das Wort „Fest" hören, denken wir dabei an Speisen, Getränke, Musik, Tanz, Bewegung, an Alkohol und Lautstärke. Wir wollen einander begegnen und gesehen werden.

Die Raunächte sind das Gegenteil davon. Sie bedeuten: Wir kommen zur Ruhe. Wir lassen Arbeit, Aktivitäten und Aktien ruhen. Keine Wäsche waschen und draußen aufhängen, denn den Hausputz haben wir vorher schon erledigt.

Wir bereiten uns vor, uns selbst zu begegnen und selbst in unser Inneres hinein zu schauen.

Perchta, Isis, Ishtar und Astarte

„Oh Isis und Osiris!",

heißt es in einer Oper.

Isis und Osiris entsprechen Perchta und Baldur, Mond und Sonne, Nacht und Tag.

Im übertragenen Sinne auf unser heutiges Leben erkennen wir in diesen Kräften unsere menschlichen Pole von Aktivität und Ruhe wieder.

Auch in unserem Körper gibt es diese beiden Pole, sie werden dort repräsentiert durch zwei Hauptnerven, die jeder Mensch in seinem Körper, in seinem Nervenkostüm besitzt.

Kostüm ist ein Begriff für Gewandt, Kleid, das Gefäß, in dem wir stecken.

Die Nerven, die hier angesprochen werden, sind der Sympathikus und der Parasympathikus.

Der eine von ihnen befähigt uns, aktiv zu werden, handlungsfähig zu sein und zu bleiben.

Auch in Situationen, in denen wir großen Stress empfinden oder extremen Belastungen ausgesetzt sind bis hin zu Notsituationen oder Lebensgefahr, können wir handeln, indem wir angreifen, fort laufen, in Deckung gehen, also uns in Sicherheit bringen oder uns sogar mit einem Angreifer verbrüdern oder verbinden, um eine gefährliche Situation lebend zu überstehen.

Der andere Nerv versetzt uns in die Lage, zur Ruhe zu kommen.
Das ist ebenso wichtig, wie es nützlich ist, aktiv zu sein.
Es tut uns gut, wenn wir nach getaner Arbeit zur Ruhe kommen können und am Abend schlafen gehen. Manchmal helfen wir unserem Nervenkostüm nach, indem wir Wein oder Bier trinken, weil wir merken, dass uns dies beruhigt. Heute wird viel geraucht, was ungesund ist.

Ursprünglich wurde zur Zeit der Raunächte Räucherwerk benutzt, um zur Ruhe, zu uns selbst, zum inneren und äußeren Frieden zu gelangen. Selbst Waffen schwiegen in dieser Zeit.

Baldur, Asasel, Osiris, Luzifer, Pan

„Baldur kehrt wieder!",

lautet ein Vers in der alten nordischen Götterdichtung, der Edda.

Nach dem großen Unheil, dem Ragnarök, kehrt das Licht zurück, die Sonne, Baldur.

Ich bin Baldur, Sohn der Perchta, Sohn der Rauhnächte.

Wie der Schmetterling aus dem Kokon, der Puppe, in die er sich eingesponnen hat, so haben auch wir uns einst eingewebt in ein Netzwerk des Hasses, der Verblendung und der Zerstörung.

Digitale Angriffe auf Computersysteme und große Konzerne, digitales Mobbing und das Abschaffen ganzer Firmen an Arbeitsplätzen soll nun unser neuer Segen sein: Smartphones, Bitcoins, alte Menschen, die in japanischen Altenheimen von Robotern bedient werden und unsere social Media, die von ihren Anbietern dazu benutzt werden, um unsere Kaufgewohnheiten auszuhorchen.

Die Akkus für unsere mobilen Medien werden von müden Menschen mit seltenen Erden gemacht, die unter Sklavenbedingungen zutage gefördert werden, damit wir hier in unserer nachhaltigen Illusion von „Öko" und „Fairtrade" leben können.

„Big brother is watching you" im großen Stil und die meisten von uns bekommen oft gar nicht mit, wie sie über ihr Handy und all die Apps und Tools manipuliert werden.

Viele Menschen sagen, in ihrem Handy steckt ihr ganzes Leben drin.

Zu Baldur, Asasel, Osiris, Luzifer und Pan gehört auch Baal, gehören die Baale der Kanaaniter, die von König David und seinen Stammesgenossen einst aus ihrer Heimatgegend vertrieben wurden. Schon damals und zur Zeit der alten Römer gab es Brot und Spiele, Mittel, um die Massen beschäftigt zu halten und von den Machenschaften der Mächtigen abzuhalten.

Wir stellen heute längst infrage, ob der „11. September" sich wirklich so zugetragen hat, wie er in den Medien präsentiert wird, oder ob die US – Seite und jene, die als „Gegner" verkauft werden, nicht in Wahrheit gemeinsam eine große Steuerabschreibung durchgeführt haben. Wir werden allerorten an der Nase herum geführt und für Dumm verkauft und unsere „Feinde" sind weder Russland oder die Ukraine, sondern die großen kapitalistischen Wirtschaftsbosse.

Seit langem werden Kosten für Corona- oder Flüchtlingspolitik, die in Wahrheit Schulden sind, den Menschen als positive Zahlen verkauft und das Wort „Wahrheit" verkommt zu einem mystischen Begriff, den man im Netz recherchieren kann.

Kapitalismus ist anstrengend, wir verheddern uns heute mehr darin, als wir glauben.

© Baldur Airinger | Kamaloka - Zeit

16

Rauhnächte, Dämonen und Weihnachtsbäckerei

Unsere Seelen existieren ewig und wir müssen im Leben nirgendwo hin gelangen, außer zu uns selbst. Denn wir werden uns selbst nur kennen lernen und uns wirklich verstehen, wenn wir auch alle Geister, Schreckgespenster kennen und die Dämonen, die in uns wohnen.

Drum begebt euch mit mir auf die Suche jetzt und findet all jene Ungeheuer, welche in eurer Seele toben! Kommt mit auf die Reise in dieses große Abenteuer!

Ich will euch nun erzählen von einer Reise, der Reise durch Raum und Zeit, auf der wir alle uns befinden! Und bald ist es so weit, dass jeder von uns unbedingt sein eignes Wesen will ergründen.

Der Tod ist wie des Schlafes großer Bruder, denn auch aus ihm erwachen wir nach einem Tode wie nach einer Nacht.

Und auch ich bin eines Morgens wieder aufgewacht!

Raue Nächte sind es, rasend und wild, schweigend und mild, alle samt wohl erkannt im ewigen Reigen. Drum lade ich euch ein mit mir zu schweigen, ich will meine Dämonen euch nun zeigen!

Unglaublich erfrischt erwache ich nach einer langen Nacht.

Tief und fest schlief ich und erinnere mich kaum an einen Traum.

Außer Eines: Da war ein Licht, es war riesig, weit, warm, golden und hell.

Ich war mitten darin und verschmolz mit ihm.

Bewusst fühle ich den kühlen Baumwollbezug meiner Bettdecke.

Der feine Stoff besitzt die Eigenschaft, die überschüssige Hitze aus meinem Körper zu ziehen.

Mein Onkel, der hier auf der Burg Mauterndorf jetzt mein Arzt ist, erklärt mir, meine Entzündung heilt, wenn ich mir Ruhe gönne.

Er verschreibt mir also Ruhe.

Und noch etwas sagt er mir.

Ich habe mich am Leben entzündet.

Immer muss ich mich mit aller Kraft in was hinein stürzen.

Voll und ganz.

So rät er mir: Ich soll loslassen lernen.

Loslassen.

Das ist jetzt sein Rezept.

Loslassen. Sagt mein Onkel.

Vorsichtig – noch immer im Bett liegend – bewege ich meine Zehen.

Ich atme in meine Füße und Beine hinein. Ganz bewusst. Nehme tiefe Atemzüge. Kraftvoll sauge ich die Luft ein und schicke sie in alle meine Glieder. Auch in meine Hüfte. Gestern pochte sie und schmerzte.

Ich schlief mit einer Kräuterpaste auf der Haut, die mein Onkel selbst hergestellt hat, ganz frisch.

Er hat sie auf einen Verband aufgetragen. So habe ich die Nacht verbracht. Erst brannte es heftig an der Hüfte. Dann wurde es immer kühler und ich konnte einschlafen.

Nun wage ich, meine Hüfte zu bewegen.

Der Schmerz hat nachgelassen.

Tatsächlich schaffe ich es, aus dem Bett aufzustehen!

Einige Schritte versuche ich zu gehen bis ins Badezimmer, wo mein Rasierzeug sich befindet.

Natürlich bin ich noch wackelig auf meinen Beinen.

Ich will das Fenster öffnen und Licht und Luft rein lassen.

Als ich hinaus schaue, erblicke ich auf der mir gegenüber liegenden Wand die Wandverkleidung aus Schiefer und die Dachschindeln, sehe den Himmel, entdecke Mauerwerk und graues Schieferwerk.

Ein Tagpfauenauge ist dort! Da sitzt ein Schmetterling!

Er wärmt sich in der Morgensonne auf einer Schieferplatte.

Heute ist der 13. August 1916, ein herrlicher Sommertag! Und es ist acht Uhr in der Frühe!

Ich erkenne mich selbst in diesem Schmetterling wieder!

Auch ich wärme mich hier auf, tanke Leben! Tanke Sonne, Kraft und Licht!!

Das hab ich bitter nötig, denn beim letzten unserer Aufklärungsflüge mit meinem Kameraden Bruno Loerzer hatte ich einen schweren Hüftschuss davongetragen und war ins Lazarett eingewiesen worden.

Zur endgültigen Genesung schickten sie mich nach Haus.

Und da bin ich!

Mein Onkel rät mir, ich solle nicht ständig an die Front denken, immer sehne ich mich danach, zurück zu kehren, heim an meinen Dienstort und zu meinen Kameraden der FFA 25.

Lerne endlich dankbar zu sein und mal bei dir selbst anzukommen, sagt mir mein Onkel.

Dankbar wofür, frage ich.

Sei dankbar für deine Gesundheit.

Sei dankbar für dein Leben, sagt er.

Der Schmetterling hebt ab und fliegt davon.

Die Momente gehen so schnell vorbei, wechseln einander ab.

Wie die Bildchen eines Films. Alle aneinander gereiht. Ohne Pause.

Den einen hast du kaum wahrgenommen, da ist der nächste schon geschehen.

Was ist Zeit?

Manchmal kann ich sie spüren. Die Zeit.

Wenn ich auf der Bettkante hocke, den Glimmstängel im Gesicht.

Ja, das Rauchen, das hab ich mir bei den Fliegern angewöhnt.

Nein, vorher schon, als ich in einem Lazarett war, zum ersten Mal, da war ich noch bei der Infanterie.

Beim Warten dort hab ich ein Buch geschenkt bekommen. Von der Schwester Marie. Der Soldat, dem es gehörte, war gestorben. War seinen Kriegsverletzungen letztlich erlegen. Also lag das Buch nutzlos im Lazarett herum. Genau wie ich.

Doch ich, ich bin so reich beschenkt, dass ich hier sitze, im Lazarett mit den Schwestern, einem Arzt, viel Schmutz, Blut, Leid und Elend und so vielen höllischen Schmerzen, von amputierten Armen, Unterarmen, Beinen, Füßen, Fingern, von durch Granatsplitter zerschossenen Fressen, die Geulle Cassee oder wie man die armen Kerle auf Französisch nennt, dass ich hier bin, heil, heil am ganzen Körper und der Seele und dass ich die Freiheit empfinde, über meine Situation hier zu lamentieren – oder eben nicht!

„Da haben Sie, ich finde keine Zeit zum Lesen. Außerdem ist es ein zu schwerer Stoff für mich. Nehmen Sie es, vielleicht lenkt es Sie ab von den Schmerzen."

Sagt Schwester Marie und schenkt mir ihr ureigenes Lächeln.
Diesen Gesichtsausdruck, den nur sie zustande bringt. Die funkelnden Sterne ihrer Augen treiben mir die Hoffnung in mein Herz. Ihr erdbeerroter Mund treibt mir die Kraft zurück in meine Haut, unter die Haut, in meine Knochen, Muskeln, meine Hüfte. Herr je, die haben sie mir fast völlig zerschossen.
Immer muss es die Hüfte sein.

Bald ging es mir besser. Natürlich Dank Schwester Marie. Und weil ich Feuer gefangen hatte an der Idee meines neuen Kameraden. Er und ich wir gehörten nun zu den Fliegern!

Er bereits offiziell auf dem Papier, ich mit meinem brennenden Herzen!

Mutige, tapfere Männer für die Luftaufklärung wurden gesucht.

Vom Lazarett ging ich fort, absolvierte einen Lehrgang als Flugbegleiter.

Wir waren im Tiefflug über das Fort Verdun geflogen. Brenzlige Sache. Sehr brenzlig. Ich krallte mich quasi mit den Zehen an der Maschine fest, lehnte mich weit hinaus. Manchmal schoss ich mit der Pistole, wenn die Gelegenheit sich bot. Unser Albatros machte seinem Namen alle Ehre.

So oft waren wir heil davon gekommen und mit reicher Beute an glasklaren Aufnahmen heimgekehrt zu Falkenhayn und dem Kronprinzen.

Na, das konnte nicht ewig gut gehen. Loerzer war heil geblieben. Gott sei Dank. Letztens hat er mir geschrieben. Er ist jetzt beim Kampfeinsitzerkommando in Metz stationiert aber er wartet ungeduldig auf einen zweiten wilden Haudegen, einen Kameraden, wie mich, damit ich bald das neue Flugzeug selbst ausprobieren könne!

Die Albatros Flugzeugwerke GmbH hatten einen neuen Einsitzer entwickelt, die Albatros D. II. Loerzer fragte mich in seinem Brief, ob ich nicht auch selbst Pilot werden wolle.

Ich habe den Brief meines Kameraden immer wieder gelesen.

Seine Worte lassen mich nicht los.

Ich reinige mein Rasierzeug und humpele zurück ins Bett.

An dem Waschbecken angelehnt habe ich nun lange genug gestanden.

Reicht fürs Erste. Neue Maschine hin oder her, muss erst mal wieder auf meinem Hintern sitzen können. Und rein kommen in die Maschine.

Und wieder raus.

Heil wieder raus.

Als wir abgeschossen wurden, war's eine Bruchlandung.

Gott sei Dank wurden wir sofort aus dem Flugzeug geholt, gerade hinter die Frontlinie gekommen. Loerzer war in Ordnung, meine Hüfte, mein Körper war zu einer Peitsche geworden, die sich selbst geißelte mit brennendem, höllischen Schmerz.

Jetzt hatte ich es auch kapiert: Verdun – diese Schlacht – war die Hölle!

Im Lazarett dann waren das Geschoss und die Knochensplitter aus meiner Hüfte entfernt worden. Die Wunde ist bald geschlossen, sagt mein Onkel. Die zersplitterten Knochen beginnen zu heilen.

Allein dein Wunsch zu fliegen, reicht nicht, du musst erst gesund werden. Der Körper ist der Tempel deiner Seele. Du kannst dir die ganze Welt wünschen. Ohne deinen gesunden Körper nützt sie dir nichts.

Bald interessierte sich mein Onkel auch für die Geschehnisse aus dem Krieg. Von unserem Auftrag wollte er wissen. Und von Falkenhayn.

Warum ich verwundet wurde, hatte der Onkel mich gefragt. Mein Onkel, der ja auch mein Arzt ist. Warum ich überhaupt Soldat geworden und in den Krieg gezogen sei.

In meinem Herzen ist viel Gewaltsamkeit, hatte ich geantwortet.

„Ich weiß," entgegnete mir Onkel Hermann.

„Warum brauchst du die?"

„Es ist meine Kraft, die ich trainiere. Keine Gewalt ohne Kraft. Aber es gibt Kraft ohne Gewalt," ereifere ich mich.

„Wofür brauchst du die Gewalt?", fragte er.

„Ich wehre mich. Ich wehre mich dagegen, unter zu gehen."

„Warum?"

„Weil ich dafür kämpfe, auf der Meeresoberfläche zu bleiben. Über der Meeresoberfläche. Denn wenn ich da runter schaue, in das tiefe Meer, ist da erst Dunkelheit. Doch bald ist da auch Licht. Sehr viel Licht. Es ist sehr hell dort unten im Meer und ich muss nur loslassen. Ich muss mich nur fallen lassen, um dort einzutauchen."

„Du meinst, du musst loslassen, um ins Licht zu gelangen? In das Licht, das man auch Einheit nennt, Erleuchtung, Allverbundenheit und Liebe?"

„Ja," sag' ich, „das seh' ich so. Aber das ist nur meine persönliche, meine eigene Auffassung."

„Nein, Hermann, das ist sie eben nicht," bemerkt mein Onkel ruhig, gestern in unserem Gespräch.

Seine Antwort lässt mich aufhorchen. Ich sehe ihn fragend an.

„Um erleuchtet zu sein muss man loslassen. Um Einheit und Allverbundenheit zu finden, braucht man bloß loszulassen und mit dem Kämpfen aufzuhören," sagt Onkel Harry.

„Das ist wahr, Hermann." Mein Onkel blickte mich vielsagend an.

Ich schwieg.

Viel hatte Onkel Harry schon von der Welt gesehen. Und er verstand eine Menge vom Leben. Er war Arzt und konnte Menschen heilen.

Als ich ein Kind war, wenn ich nicht gerade mal krank war, blickte ich innerlich auf seinen Berufsstand herab, weil ich glaubte, dass er sich vor dem Krieg, dem Kampf und der Auseinandersetzung fürchtete.

Nun, da ich selbst seine Hilfe aufs Nötigste brauchte, begriff ich, dass er den Krieg nicht nötig hatte. Er brauchte ihn einfach nicht. Weder den Krieg, noch den Kampf, noch die Auseinandersetzung.

Hier sehe ich: Der Krieger ist nichts ohne den Arzt.

Auch ein Achilles kann sich mal verletzen.

In der Zerstörung kann ich nicht lange leben. In Zerstörung, Hass, Ärger, Zorn, Kummer und Schmerz. In der Ganzheit schon.

Und das geht nicht nur uns Menschen so.

Einigen Hunden hier im Ort Mauterndorf hatte mein Onkel schon die verletzte Pfote verbunden.

Auch der schnellste und geschickteste Hund humpelt nicht weit und wird wohl kaum seine Beute fangen.

Und nicht nur die Körper brauchen ihr Heil. Bereits häufig war Onkel Harry ein Heiler der Frauenherzen.

Als ich vom rückwärtigen Lazarett aus hier ankam mit dem Zug und anschließend mit der Droschke vom Bahnhof Mauterndorf zur Burg, war hier niemand zu sehen, weder vor der Burg, noch im Inneren des Hofes, weder im Gebäude war ein Mensch zu entdecken, noch hörte ich Stimmen in den Räumen innen.

Alle Türen standen offen.

Es war Sommer und ich hatte mich angemeldet.

Ich konnte einfach hinein gehen.

Geradewegs ging ich durch zu meines Onkels Büro.

Dort entdeckte ich ihn.

Er saß an seinem Schreibtisch, mit dem Rücken zu mir.

Ich klopfte an und grüßte ihn.

Er drehte sich mir zu, sah mich an, hob die Augenbrauen und rief meinen Namen.

„Das Paradies," sag' ich da, „ist wie ein Haus, dessen Türen offen stehen. Und ich kann – ich darf entscheiden, ob ich eintrete, oder nicht."

Er kam zu mir herüber und umarmte mich. Es tat mir so gut, wieder bei ihm zu sein. Gerade wo mein Vater seit einiger Zeit tot war.

Gestorben war mein Vater im Jahre 1913 in München an einem wolkenverhangenen Sonntag, dem siebten Dezember.

Als meine Familie im späten Frühling in dem Jahr von der Burg Veldenstein Abschied nahm, hatten wir diese Burg fünfzehn Jahre lang unser Zuhause nennen dürfen. Meine Eltern, meine Geschwister und ich mussten – jeder auf seine Art – dem schönen Gebäude, an das wir uns so sehr gewöhnt hatten, Lebewohl sagen. Mein Onkel, der Besitzer der Burg, hatte eine neue Partnerin gefunden und meine Mutter aus seinem Leben ausgegliedert. Meine Eltern mieteten daraufhin ein Haus in München.

Meine Mutter und er gerieten in Streitigkeiten, Spannungen, die nie ganz beigelegt werden konnten. All dies belastete meinen Vater so sehr, dass er bettlägerig wurde und an dem besagten Tage starb.

Zur Beerdigung meines Vaters besuchte ich meine Mutter daheim in München. Einen ganzen Tag und eine Nacht lang half ich ihr, vor den Beisetzungsfeierlichkeiten die Papiere meines Vaters zu sichten.

Während ich die verblichenen Photographien, die Tagebücher meines Vaters und seine Briefe, private und berufliche Korrespondenz betrachtete, begann ich zum ersten mal ein Gefühl für die Persönlichkeit meines Vaters zu bekommen.

Ich sah ihn hier zum aller ersten mal in meinem Leben nicht als Vater, sondern als Mann, als Offizier, der in zwei bedeuteten Kriegen mitgekämpft hatte, dem Deutschen Krieg von 1866 und dem Deutsch-Französischen Krieg von 1870 bis 1871.

Er war Mitglied und später Ehrenmitglied einer Studentenverbindung, des Corps Saxonia Bonn.

Sein von ihm gegründetes Reservat der San garantierte den sogenannten Buschmännern wenigstens offiziell einen gewissen Schutz, denn sie waren zuvor von Europäern und Bantu-Völkern verfolgt und dezimiert worden.

Deutsch-Südwestafrika verließ er im August 1890, wurde bald darauf Konsul in Port-au-Prince auf Haiti. Zuletzt wurde er bis zu seinem Ruhestand im Jahre 1895 Ministerresident für Haiti und die Dominikanische Republik.

Meine Mutter und ich unterhielten uns. Auch sie lernte ich unter diesen Umständen aus einer neuen Perspektive kennen, die mir eine Verbundenheit zu ihr ermöglichte, welche von gegenseitiger Anerkennung und einem tieferen Verständnis getragen war, als ich es zuvor kannte.

Wir begegneten uns hier zum ersten mal wie Erwachsene, wie gleichgestellte Menschen auf Augenhöhe.

Ale meine Mutter mir von den Erfolgen und Fehlschlägen in Südwestafrika und Haiti erzählte, erkannte ich erstmalig, welches Format mein Vater in seinen besten Jahren als Kolonialbeamter und Diplomat gehabt hatte und gewann ihm gegenüber eine aufrichtige Verbundenheit und Anerkennung.

Früher, als ich ein Knabe war, hatte ich ihn oft verachtet und sah nun, wie dumm, wie töricht das war. *Ich* war derjenige gewesen, der es nicht verstanden hatte, eine richtige Beziehung zu ihm aufzubauen.

Dies bereue ich nun aufrichtig.

Einige der Bilder nahm ich an mich und in stillen Stunden betrachte ich sie, erinnere mich an die Zeit, die ich mit meinem Vater hatte und schaue nun aus einer neuen Perspektive, mit dem verstehenden Herzen auf ihn.

Ich schaffe es, heute zu ihm aufzublicken, als Knabe, der ich war und der immer noch in mir ist, als Sohn und auch als Mensch und Mann und so wird es mehr und mehr eine Freude und eine Ehre für mich, meinen Vater gekannt zu haben und sein Sohn gewesen zu sein.

Was heißt gewesen – ich bin und bleibe auf Ewig sein Sohn.

Aber die aufrichtige und wertschätzende Verbindung zu ihm, die habe ich mir heute erarbeitet und die kann mir nichts und niemand mehr nehmen.

Immer hatte ich die Rivalität der beiden Männer beobachtet, schon, als ich ein kleener Pimpf, ein Rotzbengel, ein lütter Junge war.

Heute sehe ich ein, dass ich mir ein eigenes Bild meines Vaters machen darf. Ich muss nicht das Wertesystem meines Onkels übernehmen.

Jahrelang, bis auf den heutigen Tag, vergötterte ich Onkel. Nun erkenne ich: Er ist auch nur ein Mensch. Ein Mann mit Stärken und Schwächen.

Und das Verhältnis der beiden, meines Onkels und meines Vaters – wobei mein Onkel ja nicht mein leiblicher Onkel ist, nicht der Bruder oder Stiefbruder, nicht einmal der Adoptivbruder meines Vaters – hab ich stets als Rivalität betrachtet, zumindest in den letzten Jahren.

Als ich ein Kind war, waren sie beide Freunde für mich. Gute Freunde.

Ich hätte es auch nicht ertragen können, wenn ich erkannt hätte, wie sehr mein Vater oft unter der Zurückweisung durch Onkel Hermann leidet.

Und ebenso heftig litt er unter der Zurückweisung meiner Mutter.

Beispielsweise, wenn hier auf der Burg, wo wir ja oft waren, mein Onkel mit meiner Mutter im Ehebett schlief und Vater in dem kleinen Raum hinter seinem Arbeitszimmer, das Onkel Vater extra hier eingerichtet hatte.

Wie viele Male war ich nachts durch das Arbeitszimmer meines Vaters geschlichen, wenn er vergessen hatte, abzuschließen und ich leise in seinen Büchern las oder mucksmäuschenstill seine Aufzeichnungen und Fotos durchsuchte um ein Stück zu erhaschen, ein Stückchen der Persönlichkeit meines Vaters, einen Fetzen von dem, was sich hinter der Fassade verbirgt, die er der Welt zeigt und mir, mir, seinem Sohn, der in seinem Herzen immer noch klein ist, der sucht hinter dem starken Schnauzbart, dem Kneifer und dem ernsten, ja fast starren Gesichtsausdruck das Stück Mensch, das Fünkchen Menschlichkeit, den Teil, der Anteil nimmt am Geschehen, am Geschehen seines Sohnes und dem Leben dieses Jungen, der sich so sehr nach der Anerkennung, Zuwendung und Liebe seines Vaters sehnt.

Siehst du mich durch deinen Kneifer?
Siehst du mich durch deine Gläser, deine Augengläser?
Siehst du mich durch deine Brille?
Kannst du damit klarer sehen, mit dem Glas vor deinen Augen?

Ich bin hier, direkt hier drin. Ich bin in deinem Herzen, Papa.
Ich bin direkt in deinem Herzen zu finden.
Hast du mich da schon gefunden?
Hast du mich da schon gesucht?

Und nun, wo mein Vater tot ist, ist es in der Burg Mauterndorf stiller geworden.

Vielleicht werde ich meinen Onkel Hermann einmal fragen, wie er nennt, was diese beiden Männer verband.

Ist es Rivalität oder war es Freundschaft?

Ich finde, Rivalität verbindet Menschen auch. Ebenso wie Freundschaft.

Nur verbindet Rivalität die Menschen in der Hölle, während Freundschaft sie im Himmel verbindet.

Aber das weiß mein Onkel sicher auch.

Denn weise ist er ja. Das muss er ja sein, weil er Arzt ist. Ein Arzt muss weise sein, weil er ein Heiler ist. Wer sich auf die Heilkunst versteht, muss ja selbst auch heil in seinem Inneren sein. Das ist doch klar.

Wer nicht heil ist, wer nicht Heil ist, kann nicht heilen.

So sehe ich das.

Von Weisheit versteht mein Onkel mehr als ich. Ganz bestimmt.

Ganz sicher ist das so. Eingedenk seines Berufsstandes, den einer nur auszuüben in der Lage ist, wenn er weise ist, über eine gewisse innere Gemütsruhe verfügt und eine tiefe innere Reife hat.

Ja, bis auf sieben Jahre ist mein Onkel ein halbes Jahrhundert älter als ich. Da glaube ich ihm, was er mir sagt. Ich vertraue seiner Weisheit.

Schließlich hat er mich auf die Welt geholt.

Und nun darf ich wieder bei ihm wohnen. Und mich erholen.

Ich wasche mich und dabei erinnere ich mich, wie ich als Knabe von vielleicht zehn Jahren hier umhergewandert bin. Nachts konnt ich nicht schlafen oder war früh wach und schlich des Nächtens leise durch die Burg. Vorbei an Bücherschränken, Vitrinen voller kostbarem Geschirr, alten Vasen, großen imposanten Bildern, Gemälden von mystischen

Menschen und magischen Landschaften. Statuen, Rüstungen, Schilden, Rapieren, Hellebarden, alten Flaggen. Flaggen, die den Glanz der Zeit und die Kraft der Geschichte tragen.

Und auch jetzt packt mich die Lust, in Onkels Bücherschrank zu suchen neben all den Werken aus China, Indien und Afrika, Japan, Indochina, Indonesien, Tibet, Arabien, Persien, von den Koloniengründungen Afrikas. Daneben ein Briefwechsel meines Onkels von vor drei Jahren, finanzielle Unterstützung für einen Außenseiter, lautet die Überschrift eines ausgeschnittenen Zeitungsartikels aus dem Jahre 1913, da hatte dieser Albert Schweitzer wohl eine Klinik gegründet, ein Urwaldhospital in einem Ort namens Lambaréné, gelegen im westlichen Zentralafrika, wie aus der französischen Zeitung hervor geht. Etwas Französisch kann ich ja.

Der Ort Lambaréné sei der Hauptort einer Provinz namens Mittel-Ogooué.

Das Hospital gründete er am gleichnamigen Fluss, dem Ogooué.
Mein Onkel hat ihn wohl in der Anfangsphase dieser Gründung finanziell unterstützt. Interessant.

1913 ist das Jahr, in dem mein Onkel zum ersten Mal geheiratet hat in seinem Leben, so weit ich weiß, da war er 62 Jahre alt und – was heißt alt, jung war er da – und heiratete meine jetzige Tante Lilly, also Lilly von Epenstein, die mit vollem Namen Elisabeth heißt und eine geborene Schandrovich Edle von Kriegstreu ist.

Schandrovich kommt von Alexandrovic und bedeutet Filius Alexandri – Sohn des Alexander. Sie trägt also einen slavischen Namen, der auf einen Alexander, vermutlich Alexander den Großen, hinweist. Gut!

So und was finde ich in der Vitrine mit den vielen Schriftstücken noch? Dokumente von Reisen nach Frankreich, Spanien, Portugal, Italien und der Schweiz, ob ich nicht in diesem Hause auch ein Büchlein finde zum Thema „Loslassen"?
Loslassen lernen. Toll.

Wie soll das gehn?

Was soll es nützen?

Falle ich dann ins Licht?

Ins Licht zurück?

Einfach so?

In das Licht, aus dem ich gekommen bin! Licht vom Lichte!

Und während ich so dichte vor mich hin, schlendre ich schon durch die Flure. Und ich „lure": Was ist in den Bücherschränken drin?

Aha! Lang musste ich nicht suchen! Ich hab's! Ein Büchlein, schmal, blau-grüner Batikeinband, mit einem Zeichen darauf in Schwarz und Weiß.

„Wu Wei" ist die Aufschrift und darunter: „Von der Kunst des Loslassens"! Froh und siegessicher wandle ich weiter durch dieses kühle alte, rustikal mittelalterlich-renaissanceische Gebäude.

Die Burg Mauterndorf stammt wohl aus dem Hochmittelalter, doch die Einrichtung der Flure ist oft aus der Zeit der Renaissance, die Rüstungen, Schilde, Hellebarden, Lanzen, Schwerter, Fehdehandschuhe, eiserne Sporen, die Gestaltung der Fenster, wie Onkel alles eingerichtet hat, all dies erinnert mich eher an die Zeit Luthers als an das Mittelalter.

Aus meiner Sicht kann man Luther als Aufklärer bezeichnen und ich selbst finde die Art und Weise der „Aufklärung" verkehrt, die den Menschen von Gott ablösen will, ich finde eine Aufklärung richtig und wichtig, die Gott bei den Menschen ins rechte Licht rückt.

Gott ist Licht und wir sind Licht vom Licht. Gott ist das, was Zarathustra, Faruddin Attar, was die indischen Upanishaden und Yogalehren darlegen sowie die Wurzeln des Judentums, die ägyptische Blume des Lebens, speziell die Jakobsleiter und die Lehre von den Chayot oder Chariot, also der Wagen, Räder um den Thron des Metatron, die Propheten des Alten Testaments und Buddha, Jesus, der Prophet Mohammed, und auch das Tao, Lichtreligionen, die von den feinstofflichen Kräften künden, die alles durchdringen, Menschen, Tiere, Pflanzen, Steine, Kristalle, die gesamte Erde und den gesamten Kosmos. Sie durchdringen und formen all dies.

Buddha erklärt, dass er Verbindung zu zehn Universen hatte.

Wenn wir auch davon reden, dass alles Wandel ist und alles fließt, panta rhei, wie Heraklit so treffend formuliert, dann gibt es eines, meine Damen und Herren, Inter- und Pansexuelle, liebe Kinder, was sich in der ganzen Zeit nicht verändert hat und zwar das **Licht**. Das Licht in seiner ursprünglichen Form, das hat sich nicht verändert. Das habe ich selbst gesehen.

Meinen ständig wiederkehrenden Rheumatismus hat mein Onkel versucht zu heilen, als dies mit den herkömmlichen pflanzlichen Vorgehensweisen nicht gelang, zog er einen Kollegen hinzu, der, wie er sagte, von einem berühmten Arzt namens Charcot gelernt hatte. Charcot war im Jahre meiner Geburt gestorben, erklärte Onkel Harry.

Überhaupt – welch beeindruckende Gespräche ich mit meinem Onkel führen kann, das gelingt mir mit niemandem sonst auf der Welt, doch dies liegt nicht an mir. Ich glaube, es ist eben kaum ein Mensch zu solch umfassenden, tiefgründigen Sichtweisen fähig.

Das Licht ist die Grundlage unser allen Lebens. Und wenn es durch die regennassen Bäume fällt, ob nun Platanen, Buchen, Linden, Eichen oder Nadelbäume, da spaltet es sich manchmal auf und ich erkenne überall im Sonnenlichte feine Regenbögen, die aus dem Licht heraus entstehen.

In der Hypnose, die mein Onkel und der Schüler Charcots einige Male bei mir durchgeführt haben, konnte ich hinein blicken in andere meiner Leben. In einigen Fällen hatte ich sogar die Zukunft gesehen.

Es war Cäsar, der in Gefangenschaft bei Piraten einen epileptischen Anfall erlebt und dabei sieht, dass er sich opfern wird, einmal als Hirsch und einmal als Lamm.

Er hat – das heißt: Ich habe – zunächst nur diese beiden Tiere gesehen.

Zuerst den Hirschen, der mit überkreuzten Füßen hängend an einen Stab gebunden war: Symbol des Arminius, des Vaters Germaniens.

Dann das Lamm, welches einen sehr hellen Lichtkranz um sich trug und blendend weiß erstrahlte in einem weißen, grellen Licht, wie es auch die Sonne nicht von sich gibt. So weiß: Symbol des Jesus Christus.

Doch die Sonne, das sehe ich oft, nicht in der Vision, sondern mit meinen bloßen Augen, die spaltet ihr Licht in Regenbogenfarben, beispielsweise wenn sie durch Glas oder durch Wasser fällt, durch einen farblosen Kristall oder einen Diamanten.

Und dieses Phänomen, besonders, wenn Sonnenlicht durch das Laub fällt, oder wenn es an einem Gegenstand vorbei scheint und ich meine Augen scharf zusammen kneife und zu blinzeln beginne, um dies Phänomen zu sehen, dieses Phänomen sah ich schon in hunderten von Leben, in die ich blicken konnte in der Zeit der Hypnosetherapie.

Diese Zeit war spannend. Ich war hier daheim auf der Burg Mauterndorf und mein Onkel fragte mich, was es mir hilft, dass ich meine Gelenke nicht bewegen kann, dass sie schmerzen und anschwellen wollen.

Meine Gelenke haben eine Botschaft für mich.

Es ist eine Botschaft meiner Seele.

Meine Seele drückt sich aus in körperlichen Symptomen.

Geht es meiner Seele gut, geht's meinem Körper gut.

Doch habe ich eine innere, seelische Spannung, etwas, wogegen ich mich wehre, etwas, wogegen ich mich quasi sträube und fest, hart, starr, steif mache, wie steife Gelenke, wie ein Junge, der nicht mit kommen will und sich am ganzen Körper sträubt, steif macht, anspannt, wehrt, so darf ich die Botschaft meines Körpers deuten.

Du wehrst dich innerlich wogegen, Hermann, erklärt mein Onkel mir.

Meine Gelenke wollen sich nicht bewegen.

Ich will mich nicht bewegen.

Warum?

Mit dieser Frage schickte mich mein Onkel in die Hypnose, in eine sogenannte Rückführung, da war ich noch ein Knabe und musste von der Schule nach Haus gebracht werden, erst in ein Krankenhaus und anschließend nach Haus. Weil meine Gelenke höllisch schmerzten.

Mein Onkel stellte mir Fragen, nachdem er mich angeleitet hatte, dass ich mich entspannen solle und meine inneren Heiler um Antwort bitten möge.

Ich wusste gar nicht genau, was er meint und ich glaube, ich hatte damals Fieber. Aber ich wollte die Schmerzen los werden und so machte ich mit.

Ich begann Antworten zu finden. Und die sagte ich ihm.

„Ich will nicht, dass Zeit vergeht. Ich will nicht, dass die Zeit vergeht, während Menschen nicht meine Lehre kapieren.

Ich will, dass sie mich verstehen und an mich denken, dass sie mir folgen, mir und meiner Lehre. Bis das geschieht, will ich die Zeit anhalten!"

„Ah. Du sträubst dich dagegen, dass die Zeit weiter läuft und sie nicht von dir lernen wollen?"

„Ja."

„Was ist deine Lehre? Hat sie einen Namen?"

„Ja. Es ist die Überlieferung. Das Überlieferte. Es ist die Qabbalah. Sie ist überliefert von einem Universum zum Nächsten. Von einem Äon zum Anderen. Von der Alten Zeit in die Neue Zeit, denn es gibt in der Ebene des Lichts keine Zeit. Da sind wir einfach nur da. Ohne Raum. Und ohne Zeit.

Das ist die Überlieferung. Es ist das Licht. Die Lehre des Lichts, aus dem wir sind und aus dem wir stammen. Das ist die Qabbalah."

„Aha. Und es gibt Menschen, die deine Lehre nicht kapieren?"

„Ja."

„Wer sind diese Menschen?"

„Es sind jene, die von meiner Lehre gehört haben, jene, die ich sie lehrte, jene, denen ich sie verkündete. Logischerweise. Denn den anderen Menschen, die meine Lehre nicht von mir gehört haben, kann ich ja nicht vorwerfen, dass sie sie nicht kennen."

„Aha."
Einen Moment schwieg der Arzt. Dann sprach er:

„Ah. Du sagst, dass du diese Lehre lehrst und dass einige Menschen sie kennen, weil sie sie von dir gehört haben und dass andere Menschen sie nicht von dir gehört haben."

„Ja."

„Gibt es auch noch andere Menschen, die diese Lehre lehren oder bist du der Einzige?"

„Ich bin nicht der Einzige. Es gibt auch noch andere. Engel. Erzengel. Die Cherubim. Die Weisen der iberischen Ureinwohner. Und viele in Indien.

Die Weisen von Mohenjo-Daro, der Induskultur, auch dort gibt es die Vision eines Mannes mit vier Gesichtern, vier heilige Wesen, wie in der Vision des Propheten Hesekiel. Und Räder des Lichts. Chakren. Die Chakrenlehre. Das Wissen des alten Yoga. Das ist dort gelehrt worden. Oder auch in Südamerika. Dorrt nimmt die Chakrenlehre ihre eigene Form an. Oder bei den Inuit. Der gleiche Inhalt gießt sich je nach Kultur, Tradition, Lebensweise, Landschaft und Überlieferung nur immer wieder in jeweils neue Formen. Viele, viele Leute haben sie schon gelehrt. Oder Schamanen.

Diese Menschen waren Heilige, denn sie lebten im Heil. Afrika. Persien.

Also immer schon gab es Lehren und Visionen des Lichts in allen Kulturen. Sie sind ähnlich den Sonnenkulten aller Völker auf der Erde.

Doch die Sonne selbst ist auch nur eine Tochter des Lichts. Sie ist aus Licht geboren wie wir Menschen, Steine, Pflanzen, Tiere und alle Universen und mit der Zeit wird dies vergehen. Wie wir Menschen.

Doch dabei wechselt das Licht nur seine Gestalt. Oder ihre Gestalt, denn Licht ist ja geschlechtsneutral. Und wer beständig bleiben will, muss sich eben wandeln," ereifere ich mich.

„Aha. Sage das noch mal."

Ich beginne zu weinen. Mein Weinen schüttelt mich. Denn ich erkenne, dass ich mein Problem getroffen habe. Genau dort. Auch ich muss mich wandeln. Wenn ich weiter existieren und beständig bleiben will, muss ich mich wandeln. Ich muss die Transformation zulassen und in eine andere Form übergehen. Ich muss von meiner alten Form loslassen.
Ich hole tief Luft.
Ich atme kräftig durch. Anschließend antworte ich meinem Onkel:

„Wer beständig bleiben will, muss sich wandeln."

Wieder weine ich heiße Tränen. Es sind Tränen, die ganz von innen kommen.

Mein Onkel gibt mir Zeit, dass mein Körper mit meinem Bewusstsein mit halten kann.

„Was bedeutet das für dich hier und jetzt, Hermann?"

„Ich soll, ich darf, ich kann, ich möchte und will mich wandeln. Verwandeln. Ich soll mir vertrauen. Ich kann, darf, möchte und will mir vertrauen. Mir und dem Leben. Ich werde ein weiteres Leben aushalten, in dem mein Volk und meine Kinder mich als ihren Vater nicht erkennen und meine Lehre nicht hören wollen."

„Wer sind deine Kinder, wie heißt dein Volk?"

„Meine Kinder sind die Menschen der Stämme Israel. Und aller Stämme, die ich besiegt habe. Ich bin David und mein Volk ist das Volk Israel. Denn ich bin Israel, genannt Jakob, der Vater der Zwölf Stämme."

„Und du sträubst dich dagegen, dass deine Kinder deine Lehre nicht anhören wollen?"

„Ja."

„Was würde geschehen, wenn deine Kinder deine Lehre annehmen würden?"

„Sie würden nicht mehr streiten. Sie würden das Himmelreich auf Erden haben. Wie in Mohenjo-Daro. Wie Ilsebill in dem Pisspott, das Märchen, das du mir erzählt hast.
Viele Märchen greifen auf die Lehre der Qabbalah zurück. Sie überliefern sie auf ihre Weise. Man braucht nur genau hinzusehen. Und hinzuhören. Wer diese Lehre kennt, wird sie überall wieder erkennen. In alten Märchen und Sagen. In den Karten eines Kartenspiels.
In der Aufstellung der Fußballvereine der Bergarbeiter, der Kohlearbeiter in den Rheinlanden, die Rheinlande, die für mich auch in meiner letzten Verkörperung wichtig waren, als ich ein Mann war."

„Was kannst du tun, wenn deine Kinder deine Lehre nicht annehmen wollen?"

Ich wusste es nicht. Weinte.

„Was tun deine Eltern, wenn du mal etwas nicht verstehst?"

„Weiß nicht. Sie sind ja nie da. Wenn sie da sind, bin ich nicht ich selbst. Ich bin entweder bockig, damit sie länger bei mir bleiben müssen, stelle was an, damit Vater zu meinem Direx ins Internat nach Ansbach kommen muss und ich ihn dann sehen kann oder ich werde krank, damit ich nach Haus kommen kann, ich will so gern zu Haus sein, bei meiner Familie und alle sind da, ich, meine Eltern, meine Geschwister, du, Fräulein Lilly, Vaters erste Frau, Tante Ida – "

„Aber die kennst du doch gar nicht, die ist 1879 in Metz gestorben."
„Na und? Ich darf sie doch trotzdem mögen! Ich hab sie lieb, weil sie eine Frau meines Vaters ist. Und dadurch gehört sie eben mit zur Familie. Das ist doch klar!
Und überhaupt ist es völlig wurscht, ob jemand persönlich mit mir verwandt ist, oder nicht. Im Grunde sind wir alle eine Familie, die ganze Menschheit, alles Schwestern und Brüder und was dazwischen liegt, weil wir durch den Lauf der Ewigkeit schon mal alle miteinander verwandt waren, das ist ganz sicher!

Schau mal, Du bist heute mein Onkel, nicht von Geburt her aber weil Du meine Mutter liebst. Also bist Du mein Onkel vom Herzen her. Von Deiner Seele.

Was zählt nun mehr?

Die Seele ist doch wichtiger, denn sie überdauert den Körper, nichtwahr? Die Kraft der Seele, die sich im menschlichen Herzen zeigt oder im Herzen eines Tieres, ist stärker als die Kraft des Körpers, denn die muss irgendwann schwinden, damit sie sich erneuern kann."

Wieder beginne ich zu weinen.

Eine Weile herrscht Stille, nur das Hufgetrappel zweier Pferde und das Geräusch einer Droschke unten auf dem Hof ist zu hören. Unser Verwalter nimmt das Sondergepäck für meinen Onkel von dem Postillion entgegen.

„Siehst du. Du hast es selbst gesagt. Wandel ist gut. Wandel ist gesund und ist notwendig für die Seele, damit sie reifen kann."

„Aber kann ich denn nicht schon alles? Ich brauche nichts mehr zu lernen!"

„Na, dann kannst du sicher auch in die Zukunft sehen! Was hast du dir denn für dieses Leben vorgenommen?"

„Da ist ein schwarzes Trapez. Mit Sternen drin, die zu Raketen werden. Funkeln in der Nacht wie Blitze, Diamanten oder Kristalle. Große Zerstörung, große Katastrophe, wie ein weißes Bettlaken, das ich von der

Wäscheleine nehme und auf den Boden lege, auf die Erde. Kraft, Vollkommenheit, Heil und Macht.

Ich will meinem Volk die Hand reichen, denn um etwa 1000 vor Christus haben wir vereinbart, ich als König David und mein Volk und Engel, dass wir ein Armageddon machen werden, um ans Tageslicht zu bringen, was in den Seelen und Herzen der Menschheit stattfindet.

Ich habe für dieses Leben wohl beschlossen, dass ich erfahren, erleben möchte, wie es ist, in der Psychiatrie Patient und in einem Gefängnis ein Gefangener zu sein.

Dort, im Gefängnis, sehe ich ein weißes Rechteck. Es ist so etwas wie eine Leinwand wie beim „großen Eisenbahnraub", bei dem Film, weißt du? Ich kann schwer ertragen, mein Volk leiden zu sehen.

Bei den anderen fällt es mir auch schwer aber bei ihnen besonders.

Ich habe es getan, um die Welt zu heilen – wie in der Homöopathie – Similia similibus curentur. Und mein Chef und Freund war der Arzt, der die Homöopathie an sich selbst ausprobierte und der Welt als Heilmethode darbrachte, Samuel Hahnemann. Der ist die Wiedergeburt von Paracelsus, dem Arzt. Und außerdem von dem Mann, zu dem wir mal gegangen sind, der die Zeitschrift Luzifer heraus gibt, dieser Steiner, weißt du?

Und vom Alten Fritz und ich war sein Vater, der Soldatenkönig. Und er war Talleyrand, der Napoleon, also mich, an Alexander verriet, Alexander, meinen Freund, den ich liebte und dem ich vertraute.

Ebenso war er mein Chef, der noch zu mir kommen wird, Abraham.

Abraham, mein damaliger Großvater, als ich meinem Bruder das Erstgeburtsrecht stahl.

Was wäre bloß geschehen, hätte ich das nicht getan und hätte die Linsen selbst gegessen? Linsen mag ich doch besonders gern, so, wie eigentlich alles Essen. Ich mag auch Brotsuppe mit etwas Gemüse ohne Fleisch. So, wie man sie im Knast bekommt oder im Kloster. Knast oder Kloster – das hält sich schließlich gleich. Nur ist der Knast unfreiwillige Entsagung und das Kloster freiwillig. Mehr ist das nicht. Sonst gibt es keinen Unterschied.

Er war Alkuin, mein Hofgelehrter, mein oberster Berater, der meine Hofkapelle leitete.

Er war mein Lehrer Aristoteles. Er war der Chef eines Ashrams, in dem ich Yoga lernte, da hieß er Goraknath.

Und Krishna ist er.

Ganz oft ist er mir durch die Zeit hindurch begegnet.

Auch in meinem Leben davor wollte ich die Welt ordnen und heilen: Den Teil von ihr, in dem ich lebe, das ist Schloss Schönhausen, die Elbe und Stendal, die Provinz Sachsen und die Altmark, das sind der Kreis Naugard und Hinterpommern. Er war der Geheimrat von Holstein, dieser hinterhältige, unlautere, unehrliche Schuft. Wenn ich dem wieder begegne, dem werde ich – "

„Dann schau, ob du ihm wieder begegnest in diesem Leben, Hermann. Nur im Hier und Jetzt, nur im Heute und in der Gegenwart können wir wirken, denn nur dort ist unsere Wirklichkeit. Da, schau genau hin, wirst du ihn wieder treffen?"

„Ja und er ist dabei auch der Mann, der mal mein Chef sein wird in diesem Leben. Als ich kurz – einige Jahre vor Ende meines Lebens in dem alt und marode gewordenen Körper begriff, dass dies nichts geworden ist, das heile Land, sendete ich einen Teil meiner Seele aus, der zu sein, der ich hier und jetzt bin. Da bin ich im Hier und Jetzt. Ist ja im Grunde wie bei der Aufsplitterung der Allseele aus der Ureinheit in „zehntausend" Teile.
Unser aller Geburt aus der Einheit im Licht. Ich erinnere mich daran. Ich, Luzifer, war der Erste, ich bin der Erste, der durch die Pforte stieg und die Welt betrat, die im Begriffe war, sich neu zu bilden. Ich selbst war erschrocken über meine Tat. Da niest du einmal und schwupps ist ein Universum entstanden. Hui, das ist aber spannend!"

„Na, siehst du. Du hast doch noch nicht alles gelernt. Und das, was kommen wird, kann spannend sein. Verschließe dich nicht davor, sondern öffne dich für neue Erfahrungen. Sei bereit, weiter zu lernen und behalte dir deine Neugier, deine Aufmerksamkeit und deine Kindlichkeit, deine Unvoreingenommenheit!
Bleibe in deinem inneren Frieden und bleibe im ewigen Jetzt!
Und lerne! Habe Freude am Lernen!"

„Die habe ich!"

„Gut. Hermann. Dann bleibe so. Und nun atme einige male tief durch und gelange mit deinem Bewusstsein wieder zu mir, zu deinem Wesen im Jetzt und Hier, in diesen Raum und in diesen Augenblick zurück."

Ja. So war das damals. Mein Rheuma ist seitdem nicht wieder gekommen. Ich habe erkannt, dass, jedes mal, wenn meine Gelenke zu schmerzen beginnen, dies ein Zeichen dafür ist, dass ich mich mal wieder sträube, mitzugehen mit dem Wandel der Zeit und noch dazu zu lernen.

Ich kann das mittlerweile besser.

Ich habe gelernt, auf meinen Körper, auf die Sprache meiner Seele zu hören. Wenn ich das tue und als ganzer Mensch mich anpasse an den Strom der Zeit und mich wandle, dann, das habe ich erkannt, bleibe ich in meinem innersten Kern der, der ich in Wahrheit bin.

Ich selbst. Meine Seele, die in ihrem innersten Kern immer jung, kraftvoll und lebendig ist und bleibt. Und die weiß: Sie ist nur ein Splitter der Allseele. Im Grunde unseres Wesens sind wir alle gleich. Gehören wir alle zusammen. Sind wir alle eine Einheit.

Gut, dass ich wieder hier in Mauterndorf bin auf der Burg und dass ich mich daran erinnert habe.

Diese Erinnerung, diesen Schatz, den ich in mir trage, in der Schatzkammer meines Herzens, hilft mir, loszulassen, loszulassen, um zu heilen.

Und nun, im Hier- und- Jetzt dieses schönen Sommers 1916, wandle ich mich. Ich bin auf dem Weg, heil zu werden.

Ich bin auf meinem Weg, Heil zu werden.
Ich bin auf meinem Weg der Genesung.

Ich wandere durch die Zimmer der Burg, durch die die Sonne scheint und an den Wänden die Schattenspiele im Licht und in der warmen Luft draußen ihr Licht durch die tanzenden Zweige und Äste der Bäume abbildet.

Zweige, Laub, Nadeln der Bäume in verschiedenen Schattierungen von Grau. Lichtdurchflutet.

Es gibt unendlich viele Stufen von Grau, gemischt mit kreisrunden Flecken, ovalen Flecken und Ätherflächen aus Licht, dem Äther, dem Chi, dem Prana, unserer Atemluft, der Urkraft unseres Lebens.

Durch die Etagen streife ich. Über unebene Dielenböden aus alten, gepflegten Holzplanken. Steige ausgetretene graue Treppenstufen aus Basaltgestein hinauf und hinab.

Das Licht im Raum bleibt ewig gleich, auch wenn die Räume sich wandeln.

Durch Kammern voller Bücher, voller Wissen und Erinnerungen, Globen, Mappen und Karten verschiedenster Zeitalter, einige Gläser stehen dazwischen mit sonderbaren Innereien, über die mir mein Onkel stundenlang mit Begeisterung Vorträge halten konnte über Wasserköpfe und seltene menschliche Schädelformen.

Er erklärte mir dabei, dass der Knochen sich mit den Sonderlichkeiten des Wesens ausforme und die Materie dem Geist und der Seele gehorche und nicht umgekehrt.

Der Geist, das Bewusstsein, hier das scheinbare Leid des Menschen, ist die formgebende Kraft. Eine unsichtbare Kraft zwar, aber eine formende Kraft.

Überhaupt, mein Sohn – sagte er zu mir, da war ich kurz davor, das Gymnasium zu wechseln – Kraft selbst ist unsichtbar für das oberflächliche menschliche Auge.

Die Kraft eines Pferdes oder eines Menschen steckt in seinem Muskeln, in seinen Knochen, in seinem Willen.

Aber die reine, pure Kraft, das, was ihn wirklich antreibt, können wir nicht sehen. Solange wir nicht in der Lage sind, hinter die offensichtlichen Dinge der Welt zu blicken.

Solange wir nicht in der Lage sind, hinter die offensichtlichen Dinge der Welt zu blicken, können wir das, was uns wirklich antreibt, nicht erkennen.

So erklärte mir mein Onkel seine Erkenntnis, als ich ein Knabe war.

Ich möchte, dass du für immer mein Lehrer bist, bitte lass mich hier auf der Burg bei dir wohnen, bat ich meinen Onkel Harry.

Warum muss ich von einem auf das nächste Gymnasium gehen?

Ich bin nun mal ein Mensch des Mittelalters und ein Mensch der Renaissance, erwiderte er, und diese – zumal sie Burgherren sind – geben ihre Lieblingssöhne zu anderen Burgherren in die Lehre, damit sie ihren Horizont öffnen und die Welt sehen.

Die heutigen Burgherren sind eben die Gymnasien, mein Sohn.

Und wenn ich mal nicht mehr bin, so triffst du womöglich deinen alten Lehrer Aristoteles wieder, erklärte mein Onkel und grinste.

Gefühlsverloren blieb ich zurück.

Nun suche ich Onkel Harry hier in der Burg.

Mein Onkel scheint ausgeflogen.

Mit seiner neuen Freundin Lilly.

Sie will die Heirat, er zögert jedoch.
Fragt sich nur, wie lange. Die Bäckersfrau unten im Ort hatte mir erzählt, an dem Tage meiner Anreise, dass die Leute in Mauterndorf schon Wetten abschließen, wer zuerst nachgibt, mein Onkel Hermann oder sie.
Ich erinnere mich noch gut daran, wie ich in Ferien vom Kadettenhaus Karlsruhe hier war und für alle einen Kuchen backen wollte.
Schokoladenkuchen.

Ja. Schön war das. Ich war so etwa 12.
Es war Weihnachten und damals bekam ich Hilfe vom Hauspersonal.

Und heute?

Heute bin ich hier allein und die Küche wirkt verlassen.

Die neue Hausherrin ist nett, doch sie hatte uns vor einiger Zeit hier hinauskatapultiert. Oder war's mein Onkel Harry?

Lange Zeit war ich böse auf Fräulein Lilly, doch als meine Schwester Paula mir erzählte, Fräulein Lilly würde in Wahrheit mich lieben statt Onkel Harry, war ich erst verwirrt.

Warum sollte sie mich lieben?

Hatte ich ihr doch nichts zu bieten, als Unsicherheit, Kampf, Krieg, Elend, Schmerz und Zerstörung.

Und auch Olga, meine andere Schwester sagte: Du siehst das falsch, Hermann. Ja. Unsicherheit ist in der Außenwelt. Doch dieser Unsicherheit begegnest du mit Wagemut. Es stimmt. Unsere Welt ist von Kampf geprägt. Doch deine Antwort auf den Kampf ist die Kraft, die in dir wohnt. Es ist die Kraft, zu dir selbst zu stehen und bei dir selbst zu bleiben, in dein Inneres einzutauchen und in dir selbst zu wohnen.

Fräulein Lilly hat mir einmal anvertraut, dass sie an dir bewundert, wie du dich selbst besitzt. Denn auch in einer Welt voller Krieg, Elend, Schmerz und Zerstörung bist und bleibst du voller Freude, Sieg, Mut, voller Lebenslust, Wonne und innerem Frieden.

Mama sagt, du seist ein Träumer und lebst nur in Luftschlössern. In ihren Augen bist du in dieser harten Welt noch nicht angekommen, bist zart, zerbrechlich und unwirklich, weil du die Härte und Ausweglosigkeit der Zeit nicht erkannt hast.

Aber was wären wir ohne Menschen, die in der Ausweglosigkeit einen Ausweg finden würden, die Horizonte erkennen, wo andere nur Trübsal säen. In ihrer Not brauchen die Menschen solche Leute wie dich, hatten mir meine Schwestern erklärt. Und Olga sagte, dass es eben Frauen gibt, die mehr als nur einen Mann lieben können. Schau, Hermann, Onkel Harry, von dem du ja deinen Namen hast, ist eine imposante Erscheinung, er strotzt vor Kraft und Größe und die lebt er aus in der materiellen Welt, weil er ein erfolgreicher Arzt und Kunsthändler ist.

Du besitzt diese Kraft und Größe auch und sie liegt in deinem Inneren, in deiner diese Welt durchdringenden Kraft, auch im Elend einen neuen Weg zu sehen, in deiner Warmherzigkeit und Liebe.

Deshalb liebt Fräulein Lilly dich, das darfst du einfach mal anerkennen, Hermann! Denn in der Not – meine Schwester hatte nach Worten gesucht – in der Not – "

In der Not frisst der Teufel Fliegen, ergänzte ich und wir drei lachten.

Ich höre unser Lachen, als wär's heute.

Die Stimmen meiner Schwestern Paula und Olga hatte ich lange nicht gehört. Aber hier in den Mauern der Burg Mauterndorf wirken sie wie geborgen, als hätten sie hier auf Ewig Kammern ihres Daseins und wie in meinen Herzkammern wäre dieser Ort – so wie mein Herz – der Ort meiner Erinnerung, der Platz, in dem meine Erinnerungen auf Ewig gespeichert und geborgen sind, daheim, dort, wo sie sich wohl fühlen.

Mitten in meinem Herzen.

Langsam begreife ich, dass alles, was in meiner Außenwelt geschieht, ein Spiegel meines Inneren ist. Alle Menschen sind meine Lehrer, die mir helfen, meine verborgenen, mir nicht bekannten, nicht bewussten Absichten zu erkennen und als zu mir zugehörig zu begreifen.

Somit ist meine Außenwelt gar nicht wirklich meine Außenwelt. Sie ist eine Erweiterung meines Inneren, meines inneren Wesens.

Es ist bombastisch, wie dieses, wenn es denn wahr ist – und so stellt es sich mir oft auf sehr eindrückliche Weise dar – dieses Geheimnis, wenn für mich, dann sicher für uns alle gilt. Wir alle sind Spiegel füreinander.

Wir alle sind bloß Spiegel füreinander, keine Feinde.

Ja, mir fällt es immer schwer, von den Engländern und Franzosen als Feinden zu sprechen. Ich sehe es eher wie die Fußballmannschaften zweier Kohlegruben, diese Grubenarbeiter, die oft im Gewimmel unserer Zeit übersehen werden und auf denen unsere ganze Wirtschaft ruht.

Zumindest die Kriegswirtschaft. Denn sie schaffen, sie erschaffen, sie produzieren die Maschinen, Projektile, Geschosse, Flugzeuge, Panzer und Kanonen, Haubitzen, Geschütze, Panzerplatten, eben das Eisen oder den Stahl, aus dem die Eisenbahnen, Schienen und Geschütze sind, aus denen wir dann unsere Waffen machen.

In Wahrheit gibt es diese Feinde nicht. Jede Grube hat ihre Fußballmannschaft. Doch unter der Erde ist es das selbe Flöz. Das Abbaugebiet der Kohle zieht sich über die Rheinlande und weit über das Gebiet, doch die Menschen sehen immer nur das Ihre.

Und lieber sehen sie, lieber bauen, lieber formen sie aus Eisenerz und dem rohen Stahl lieber Waffen, als Wannen, Waschkessel oder Wagenräder. Der Mensch ist wohl ein Kind des Leids und des Leibes, nicht des Lichts, doch ich bin gekommen, um das zu ändern. Ich bin so dumm, auch wenn es nicht klappt, ich komme immer wieder.

Bisher. Bisher bin ich immer wieder gekommen.

Mannschaft Grube „Heimat" kämpft gegen Mannschaft Grube „Frieden". Es gibt wohl auch eine Grube, ein Tagebaugebiet oder eine Zeche, die Mutter Maria heißt, eine heißt Heiland, eine Zeche heißt Zollverein, sie tragen die eindrucksvollsten Namen und man könnte meinen, jeder grabe in einem eigenen Topf. Aber es ist **EIN** Kohleflöz! **EIN** Abbaugebiet!

Es ist **EIN** Topf, aus dem sie alle schöpfen!

Nicht die Panzer, Flugzeuge und Haubitzen sind es, auf denen die Kraft eines Landes ruht, sondern ihre Arbeiter, ihr Werkstätten und ihre Kohle.

Und ihr Leben ist hart, karg und staubig.

Nicht irgend ein Sieg, eine Idee oder ein Stück Land ist es, wofür wir in Wahrheit kämpfen, sondern der Mensch ist unser wahrer Grund unseres Handelns. Und die Menschen sind überall gleich. Die Zechen gleichen sich in Wahrheit mehr wie ein Ei dem anderen, als dass man sie unterscheiden könnte. Die Werkstätten haben den gleichen Arbeitstakt, ob es nun französische sind oder deutsche und die Radieschen und der Kohl schmecken auf jedem Boden gleich, ob man nun deutsche Gerichte daraus kocht oder französische.

Die Arbeiter in den Werkstätten sehen überall gleich aus, in jedem Land, denn ihr aller Leben ist hart, karg und staubig.

Selbst Menschen, die aus Anatolien, Afrika oder Afghanistan stammen, Assyrien oder Asien, sie alle macht der Staub der Kohle zu einem geheimnisvollen Schwarz, das in der Sonne glitzert und nur die Augen schaun heraus wie Diamanten aus einer Maske.

Wir alle haben uns maskiert wie in einem Schauspiel auch in diesem Krieg, doch es ist die selbe Bühne, auf der wir alle stehen.

Es ist EINE Bühne, auf der wir spielen und EIN Rasen, EIN Fußballfeld.

Wenn wir, zwei Mannschaften, gegeneinander spielen, ist es der selbe Rasen, der unter unseren Füßen zu Matsch wird.

Wenn Menschen Tauziehen, so ziehen sie doch an einem Strang.

Wir Menschen haben alle einen Mund, zwei Augen und eine Nase im Gesicht, meistens ist das so, wenn wir geboren werden.

Diese Art, Fußball zu spielen und Mannschaften zu gründen ist nun ein neuer Trend und ich muss gestehen, ich war auch mal in einer. Ich glaube, es war in Fürth, zu der Zeit, als ich das Schliemanngymnasium besuchte, da war am Wochenende Fußballtraining in der Mannschaft und da hatte mich ein Mitschüler drauf angesprochen, ich war neugierig und so ging ich hin. Nur mittlerweile, da spiele ich kaum mehr Fußball.

Ja, so ist es. Die Dinge verändern sich.

Und ich habe mich oft dagegen gesträubt. So wie in der Zeit, als ich den Deutschen und den Franzosen meinen Glauben eingetrichtert hab. Aber da waren sie noch EIN Land, EINE Nation, nämlich die Franken.

Meine Franken. Und ich war ihr König. Karl der Erste, König der Franken.

Naja, das ist lange her. Und da gab es noch kein Frankenheimer Alt. Aber auch noch vor kurzem sträubte ich mich gegen den Wandel, als die SAP meinen alten König ausbooten wollte.

Mit den Regierungsgrundsätzen Wilhelms des II., des Sohnes meines Königs, den ich zum Kaiser gemacht hatte (er selbst hatte sich in dieser Position nicht wohl gefühlt), konnte ich nicht mit gehen. Damals, als mein Name Otto von Bismarck war, wollte ich keinen weiteren Krieg.

Heute fotografiere ich in ihm, bin Aufklärer in einem Flugzeug und habe im Lazarett einen Kameraden kennen gelernt, Bruno Loerzer. Dass ich

Wilhelms des Zweiten Krieg damals nicht wollte, hab ich heutzutage fast vergessen, sonst wäre ich nicht Teil von ihm.

Wir sind alle Teil von ihm. Ob wir nun eine aktive Rolle in ihm spielen, oder nicht. Wir spielen alle eine aktive Rolle in ihm. Mütter geben ihre Kinder. Die werden Soldaten oder Krankenschwestern, Ärzte oder Gemüsebauern, Fabrikarbeiter, dann ist es gleich, ob sie Mann oder Frau sind.

In der Zeugung und im Tod ist es eh gleich, ob wir Mann oder Frau sind.

Manchmal träume ich seltsame Träume. Ich träume, ich sei die Kaiserin Sissy gewesen. Ja, nun lebe ich wenigstens in einer Burg in Österreich.

Und das ist auch schön. Und wenn ich mich ärgere darüber, dass unsere neue Burgherrin die Gesellschaftssäle umgestaltet hat, bin ich einfach nicht weise genug. Ich sollte erkennen, dass Fräulein Lilly auch nur meine Lehrerin ist. Sie, Fräulein Lilly, hat vieles in dieser Burg meiner Kindheit umdekoriert und ich muss mich erst daran gewöhnen.

Das darf ich, warmherzig und mit Wonne, liebevoll darf ich ihre Güte annehmen, da sie meine Lehrerin ist. Ich muss – ich darf es nur *erkennen*. Was sie mir beibringt: Um beständig zu bleiben, musst du dich wandeln.

Auf ihre Weise lehrt sie mich, was mein Onkel mir per Rezept verschrieben hat: Loslassen!

Einiges ist jedoch geblieben wie in der Zeit, als ich ein Kind war: Mitten in der Küche steht noch der große Backtisch wie damals zur Weihnachtszeit.

Nun schalte ich das elektrische Licht an und suche in den Schränken nach den Zutaten für einen Kuchen.

Ich habe lange nicht mehr gebacken.

Wie war das noch?

Mehl, Eier, Butter, Salz, Zucker, Milch?

Frische Eier, Milch und Butter werden hier wohl nicht zu finden sein.

Ich hinke in den Keller.

Früher hatten wir die Hühnereier aus dem Hühnerstall in eine kühle Steinnische gelegt, die im Sommer mit Eis gekühlt war.

Aus dem großen Eiskeller unten im Ort hatte der Eismann uns jede Woche zwei Brocken Eis geliefert. So hielten wir in der Zeit meiner Kindheit unsere Nahrungsmittel frisch. Das war um das Jahr 1900.

Heute wird das wohl auch so gemacht. In meinem Militärdienst werde ich versorgt und habe vom Zivilleben ehrlich gesagt seit meinem Eintritt ins Kadettenhaus Karlsruhe im Jahr 1905 nicht viel mitbekommen.

Essen ist einfach immer da und es schmeckt mir auch besser und hat eine gute Qualität, besser als an dem einen Tag in Ansbach, da erinnere ich mich noch dran, als es Schuhsohle zum Mittag gab und ich einen Aufstand geprobt hab. Das weiß ich noch. Es war wegen des knorpeligen Fleischs. Da sollen sie doch lieber gar kein Fleisch servieren.

Dieses Kühlverfahren ging einige Tage, bevor die Eier schlecht wurden.

Oder die Milch.

Oder die gute Butter.

Nun bin ich dort angelangt, wo die Köchin die Vorratskammer hatte, als ich ein Knabe war.

Als Kind war ich kaum hier drin.

Ich durfte nur in der Küche helfen, wenn ich mir ausgiebig mit Seife Hände und Unterarme und mein oft erdverschmiertes Gesicht gewaschen hatte.

Nun bin ich an der Kammer angelangt. Ich sehe nach – und – ich hätt's nicht für möglich gehalten – vier Eier sind da!
Und Butter finde ich auch!

Es ist doch nicht so tot hier, wie ich glaubte!
Und in der Kanne befindet sich Milch, die frisch riecht.

Das Ganze belasse ich erst mal an seinem Platz. Da ist es kühl und somit gut aufgehoben.

Zurück in der Küche lege ich mein Büchlein auf den Backtisch.
Der ist sauber.
In Erinnerungen vertieft nehme ich Platz auf einem der vier Stühle, die um den Tisch herum stehen. Jeder Stuhl an einer Tischkante. Vier Teile um einen Punkt. Vier Wesen um eine Mitte.
Vier Punkte im Quadrat beziehungsweise rautenförmig um einen Punkt, das ist der Scheitelpunkt, der oberste Punkt an der Fontanelle, Baihui, von diesem Punkt spricht die Lehre der chinesischen Medizin, die schon vor sechstausend Jahren mit Stein- und Bambusnadeln praktiziert wurde und Akupunktur genannt wird. Symbol dieses Tisches mit vier Stühlen darum. Symbol des Metatron mit vier Wesen darum: Den vier heiligen Wesen, den Chayot Ha Qodesh.

Von dieser Lehre und ihrer Wirkweise erzählte mir gestern mein Onkel.

Diese Lehre entspricht der Prana – Lehre der Nadis aus Indien.

Die Nadis entsprechen den Meridianen der Akupunktur.

Die Lebenskraft, Ruach, Atem, Hauch, Prana oder Chi sind dasselbe.

In Japan heißt es Qi, diese Lehre gibt es in Europa und Asien und eine ihrer Formen ist die westliche Mystik, die Qabbalah, das Überlieferte, die Tradition, die beginnt mit der Erzählung Abrahams von einem Gott JHWH, der nach der Auffassung meines Onkels nur ein Symbol ist für unsere menschlichen Fähigkeiten. Der Prophet Hesekiel nannte es Metatron und die vier Räder, die Assyrer und Perser stellten auf Reliefs den Pinienzapfen als Symbol der Zirbeldrüse dar, der Drüse, die mit dem Kronenchakra verbunden ist. Jede große Drüse entspricht einem Hauptchakra beziehungsweise einem großen Chakra, die entlang der Wirbelsäule liegen.

Es ist die Verbindung von der feinstofflichen mit der grobstofflichen Welt.

Es ist die Verbindung von den Menschen zu den Göttern, den Engeln, den höheren Wesen oder Lichtwesen. Rudolf Steiner nannte daher die Theosophie Anthroposophie: Von der Weisheit von Gott zur Weisheit vom Menschen.

Auch wir Menschen sind in Wahrheit Lichtwesen. Das hat mein Onkel mir gestern erklärt. Ich bin ja nun schon eine Weile hier aber ich erinnere mich immer wieder an unsere eindrucksvollen Begegnungen. Und an unsere Gespräche.

Ich hatte eine Vision, dass Abraham die Sache mit Isaak nur gemacht hat, um ihm eindrücklich zu vermitteln, dass JHWH wirklich existiert. In Wahrheit ist „El" von ihm umbenannt worden in JHWH. El, ein Berggott unter vielen lokalen Göttern, Göttern von Ortschaften oder Dörfern, Bergen, Flüssen, Bäumen oder Seen, Felsen oder Feldern, Wegen, Steinen oder Tälern. Und der Berggott El, das heißt auf Hebräisch wohl einfach „Gott", wurde von diesem Abraham zu „dem Gott schlechthin" erhoben, JHWH, der alles geschaffen hat.

Wie bezeichnet man ein Wesen, das einen Gott erschafft?

Es ist gleich, ob wir uns Gott als „höheres Wesen" vorstellen oder ob wir die tiefere Botschaft erkennen, die in dieser Lehre verborgen liegt, nämlich dass wir alle die Kraft Gottes in uns tragen.

Es ist so, wie die Knospe die Kraft der Blüte in sich trägt oder der Same die Kraft eines Baumes, das Rinnsal der Quelle die Kraft eines Flusses oder Ozeans. Man muss nur eine Prise Zeit hinzu geben, so werden sich die Dinge ganz von selbst offenbaren, wenn man die Kraft des Tao in Ruhe gewähren lässt und sich nicht einmischt. Denn das Tao ist größer als das Einzelne und ist ihm doch ähnlich. Das Tao entspricht Gott, dem Unnennbaren, wie der Name JHWHs, der nicht genannt werden darf.

Hier am Küchentisch unter der Lampe habe ich diese Vision.

Und ich war in dieser Vision der zweitgeborene Sohn Isaaks.

Ich war der erste Mensch, der von einem Menschen überzeugt in die Lehre JHWHs eingeweiht wurde nach Isaak, der sie ja direkt von Abraham hat, ihrem Schöpfer.

Wie bezeichnet man einen Menschen, der einen Gott erschafft?

Dies frage ich meinen Onkel, denn ich bin verwirrt.

Alles, was du gesehen hast, ist wahr. Du sträubst dich nur noch dagegen.

Dies will dir dein Rheuma sagen.

Wehre dich nicht dagegen, dass du der Vater des Volkes Israel bist, Jakob, genannt Israel, der Vater der Zwölf Stämme.

Wenn du dich gegen deine eigene Vision wehrst, bist du genau so stur wie sie, die auf dem Weg aus Ägypten sehr unzufrieden waren und sich sogar wünschten, wieder nach Ägypten zurück zu kehren, erklärte mein Onkel mir und meinte, eines der fünf Bücher Mose könne man auch ‚Das Buch des Meckerns' nennen. Wir lachten. Dann nahmen wir die Rückführung weiter auf und ich sah mich selbst als Pharao Ägyptens, der Bruder, der Halbbruder des Mose.

Auch dies ist wahr, mein Sohn. Nimm es an. Öffne dich selbst für die Kraft deiner Visionen. Sie kommen direkt von Gott. Sie kommen aus dir selbst. Sie kommen aus dir!

Wie aus einem tiefen Traum erwache ich und sitze immer noch an dem Tisch in unserer Küche. Es ist der Tisch aus meiner Kinderzeit!

Einiges hier im Schloss ist doch noch so wie früher!

Bewusst und mit meinem Geist wieder auf das konzentriert, was vor mir liegt, schlage ich das Büchlein auf, das ich vor mich auf den Tisch hingelegt habe.

„Loslassen ist Handeln durch Nichthandeln", lese ich da.

Na toll. Was soll das jetzt?

Ich schaue mich in der Küche um und stütze meinen Kopf in meine Hände, die Arme mit meinen Ellebogen auf dem Tisch ab.

Soll der Kuchen sich denn von selber backen?

Bald stelle ich mir vor, wie alle Zutaten von allein in eine Rührschüssel wandern: Das gemahlene Mehl aus dem Mehltrog, das ist eine glasierte und extra für Mehl vorgesehene Keramikschublade in einem Vorratsschrank, der das Mehl von Insekten und Feuchtigkeit fernhält, der Zucker kommt aus einer anderen Keramikschublade angelaufen, das Salz eilt herbei aus der kunstvoll glasierten Keramikschublade daneben, alle wandern wie die Schulknaben in Richtung Schüssel, die Schüssel ist wie Scheol, wie eine Schule.
Eier, Butter und Milch aus dem kühlen Keller flitzen auch herbei, sie sputen sich und es rührt sich – von ganz allein – der Kuchenteig.
Ich warte.

Und konzentriere mich.

Auf die Kraft meines Willens.

Auf die Kraft meiner Vorstellung.

Auf die Kraft meines Wünschens.

Auf die Kraft meiner Konzentration.

Nichts geschieht.

Ich konzentriere mich auf die Kraft meines Loslassens.

Ich lasse los vom Wollen.
Ich lasse los vom Denken.

Ich lasse los von der Konzentration.
Immer noch nichts passiert.

Nun lasse ich los vom Ich.
Ich lasse los von meinem Ich.

Und lasse los.

Und lasse los.

Nix passiert.

Boh!

Meine Hüfte beginnt zu schmerzen.

Nun kann ich nicht mehr sitzen, stehe vom Tisch auf, lehne mich mit dem Rücken gegen die Wand und stütze einen Fuß gegen die Fußleiste.
Barfuß natürlich.
Das entlastet meine Hüfte irgendwie und der Schmerz lässt nach.

Ich verschränke meine Arme vor der Brust und spüre in meinen Körper hinein. Manchmal habe ich das Gefühl, ich kann in die Stelle hinein atmen, wo die stechende Schmerzattacke sitzt.
In tiefer Konzentration lenke ich in meiner Vorstellung meinen Atem in die Richtung meiner Hüfte.
In meiner Imagination bilden sich Alveolen in meiner Hüfte, sie durchdringen meine Knochensubstanz und durchfluten das Gewebe dort mit frischem, sauerstoffreichen Blut.
Der Sauerstoff gelangt direkt in die schmerzende Stelle. Ich fühle meinen Atem dort genau.
Bewusst spüre ich, wie ich meine Hüftgelenke beatme, die Hüftpfanne, mein gesamtes Gesäß und den „Sitzhöcker".
Dabei vergesse ich die Zeit. In meiner Wahrnehmung verlasse ich die Zeitebene und gelange in eine andere Zone meiner Wirklichkeit. Statt „Schmerz" denke ich „Heil" und „Frieden".
Bald bemerke ich, wie heilige Wesen, zart, sanft und doch allmächtig, meine tiefsten Absichten durchdringen. Sie durchwirken meine Wirbelsäule an ihrem unteren Ende mit feinstofflichen, immateriellen Brokatfäden.

Alle Deine Absichten sind rein. Du bist vollkommen heil, teilen sie mir mit. Sie, das sind die Elohim. Dank Euch Elohim, dass Ihr dieses Bewusstsein an mir bewirkt habt!!

Ganz vollkommen mit meinem gesamten Wesen spüre ich Heil und Frieden. Ich bin durchdrungen von Heil. Ich bin der Frieden. Ich bin das Heil.

Schmerz weicht von mir. Ich merke es deutlich.

Nach einer Weile lässt er nach.

Auch klopft der Schmerz nicht mehr.

Das ist ein gutes Zeichen, sagt mein Onkel.

Verschiedene Schmerzqualitäten habe ich kennen gelernt.

Ich fühle klopfende, stechende und hämmernde Schmerzen. Dumpfe und helle Schmerzen empfinde ich, ziehende, drückende, heiße und kalte Schmerzen. Einige kann ich sofort lokalisieren, bei anderen gelingt es gar nicht.

Plötzlich bin ich mit meinem Körpergefühl in einem anderen meiner Leben. Das Leben ist Leiden, erkenne ich. Damals wählte ich das Leben eines Bettlers, der den Urgrund des Seins suchte und zum Lehrer wurde. Ich war nicht nur ein Bettler, ich war auch ein König in einem Königreich namens Jao. Bettler war ich, Heerführer, Kriegsherr, Mönch und Magier, Hexe und Hexenjäger, Mädchen und Mächtige, Tor und Tyrann, mit allen Wassern bin ich gewaschen. Das bedeutet dieser Spruch: Mit allen Wassern gewaschen sein, das heißt, alle Figuren im Spiel des Lebens, des Tarot, einmal gespielt zu haben, mindestens.

Als ich ein König von Jao war, eines der sieben Königslande des späteren China, lässig war ich, hochmütig und gleichgültig gegen meine Untertanen. Ihre Wünsche trat ich mit Füßen. Jung war ich, unreif und des Lebens überdrüssig. Ich wollte raus. Raus aus dem Leben.

Auch einer meiner Hofbeamten wagte den Ausstieg. So oft hatte er Briefe an mich gerichtet.

Er wollte mir nicht mehr länger zu Diensten sein, gab seine Ländereien und seinen Besitz fort, nahm nur einen Wasserbüffel mit und ritt auf ihm in Richtung Grenze.

Als der Wachposten dort ihn nicht passieren lassen wollte, begann es zu regnen und der ehemalige Hofbeamte zog sich in eine Höhle zurück.

Als der Regen geendet hatte, übergab der Reisende dem Wächter 81 Kommentare zu meiner Herrschaft, Gedichte, Verse, die er aufgeschrieben hatte.

„Hier. Überreiche dies deinem König. Oder behalte die Schriften, der König wird sie wahrscheinlich doch nicht verstehen."

Ich war damals dieser König. Und Lao – Tse, mein Hofbeamter, hatte die wertvollen Anweisungen, wie man gerecht und weise ein Land regiert, für mich aufgeschrieben.

Wer jemals eine Geschichte verfasst über meine Sieben Königslande und ihre große Mauer, der wird sich wahrscheinlich an seinen Dienst auf dieser Mauer erinnern, an meine grausame Gewaltherrschaft und mein riesiges Heer mit seinen für heutige Menschen unfassbar harten Strafen.

Und dies war mein nächstes Leben, Mein Name war Chin. Eine Dynastie wollte ich gründen.

Er wird nicht wissen, dass er damals ein General der Wache auf der Mauer war und mein Land, das jungfräuliche, gerade entstehende China, vor den Angreifern aus der umliegenden Steppe schützte.

Ich aber weiß es, denn ich erinnere mich. Klar und präzise.

Nun bin ich tatsächlich hier und stehe vor der gleichen Aufgabe: Das „Handeln durch Nichthandeln", also Wu Wei, und das Tao zu verstehen.

Ich begreife es immer noch nicht.

Zumindest im Augenblick.

Jetzt.

Heißt es denn, ich soll den Kuchen sich selbst backen lassen?

Nichts ist geschehen.

Immer noch nicht.

Kein Teig hat sich gerührt, kein Ofen hat sich selbst angezündet, kein Feuer ist von selbst entflammt.

Ob es denn Dinge gibt, die von alleine gehen und andere nicht?
Zwar wachse ich ja von allein, doch muss ich dazu trinken, essen und schlafen.

Zwar wachsen Pflanzen von allein, doch benötigen die meisten von ihnen dazu Regen, Erde und Sonne.

Was ist es also, dieses Tao, was ist „Handeln durch Nichthandeln"?

Was ist dieses Loslassen, dass es für meinen Onkel, einen erfahrenen Arzt, zu **DEM** Rezept für meine Heilung macht?

Was sind diese Dinge, die angeblich geschehen, ohne dass ich etwas dazu tun muss?

Ist es die gleiche Wirkung, die dem Gebet zugrunde liegt?
Ist dies das Tao?
Ist es das aufrechte Wünschen von ganzem Herzen?

Trotz aller Bemühungen im Loslassen funktioniert mein Handeln durch Nichthandeln nicht.

Langsam drücke ich mich von der Wand ab, an der ich lehne, und gehe zum Tisch zurück.

Ein Stück weit belustigt über mein eigenes Verhalten setze ich mich wieder hin.

Es hilft alles Loslassen nichts.

Ich muss wohl doch erst das Buch lesen.

Und den Kuchen selber backen.

Als ich meine Lektüre beginne, fällt mir nach den ersten Seiten ein altes Lied wieder ein.

Früher, als ich noch klein war, so etwa sieben oder acht Jahre jung, da waren unsere drei Köchinnen auf der Burg Veldenstein nahe bei Nürnberg noch im Hause und ich durfte ihnen bei der Arbeit zusehen und manchmal mithelfen.

Oft war auch Albert bei ihnen, mein jüngerer Bruder.

Aber er war noch klein und hatte fürs Backen keinen Sinn. Ich hatte ihn oft gefragt und ihn ermuntert, mitzumachen.

Er ging im Garten spielen und fragte mich, ob ich nach komme. Ja. Später, antwortete ich.

Als wir nach dem Kochen den Tisch gereinigt hatten, durfte ich feines Mehl auf die Tischplatte streuen, die mit einer besonderen Lackschicht versehen war. Es war keine Oberfläche aus Holz, wie beim Parkettboden oder einigen meiner Zimmermöbel, der Tisch war aus Holz, sagte Ruth, unsere Chefköchin, aber das Holz war verkleidet, es war nicht sichtbar.

Nun wurde aus schwererem Mehl eine Art Ringwall auf dem Tisch gebaut und alle anderen Zutaten kamen in den Ringwall hinein, in das freie Stück in der Mitte. Ruth sagte, wir wollten ein Mandelbrot backen und so durfte ich zu den üblichen Zutaten auch noch ganze geschälte Mandeln in Mandelsplitter hacken und diese dem Teig hinzu geben.

War das eine Wonne, als ich mit meinen eigenen Händen das Mehl spüren konnte.

Ich empfand es als Genuss, wahrzunehmen, wie ich selbst mit meinen eigenen Händen etwas formen konnte. Ruth sagte, ich sei geschickt beim Backen, denn ich beließ die flüssigeren Zutaten in der Mitte des Mehles und achtete beim Kneten auf eine sorgfältige Durchmengung der einzelnen Substanzen miteinander.

Nichts fiel runter, nichts lief aus oder über, alles blieb an seinem Platz und Ruth fragte mich, ob ich das schon irgendwo gelernt hätte.

Nein, sagte ich, nicht oft. Nur bei Mutter Graf in Fürth durfte ich jeden Sonntag mithelfen beim Backen und im Kindergarten und in der Schule wurde ab und zu gebacken aber dort war der Teig meist schon von den Lehrerinnen vorbereitet worden.

Als ich noch klein war, hatten wir auch noch Lehrerinnen in der Schule. Danach waren die Anstalten für Jungen nur mit männlichen, die Lehrhäuser für Mädchen nur mit weiblichen Lehrern besetzt. Lehrerinnen. Aber dass ich Lehrerinnen hatte, ist nun schon lange her.

Nach einer Weile des Knetens, als der Teig schon fast fertig war, sagte Deborah, eine unserer drei Köchinnen, einmal zu mir, der vierte Platz am

Tisch sei meiner. Denn die junge Frau unseres Küchenpersonals gehörte für mich schon damals quasi mit zur Familie und ich büchste manchmal von der Schule aus, einfach um daheim bei meiner Familie zu sein.

Damals stand in Veldenstein in der großen Arbeitsküche auch ein Tisch in der Mitte mit vier Stühlen darum.

Deborah sagte, drei der Stühle seien für die Köchinnen, die machten da nämlich ihren Mittag. Und der vierte Platz, der sei für mich! Das war lieb.

Ich fühlte mich bei ihnen gut aufgehoben. Deborah hatte immer so Lieder, die sie sang, zum Beispiel: Backe – Backe – Kuchen, der Bäcker hat gerufen, wer will guten Kuchen backen, der muss haben sieben Sachen: Zucker und Schmalz, Eier und Salz, Milch und Mehl, Safran macht den Kuchen gel.

Also gelb.

Warum muss der Kuchen gelb sein?

Jetzt im Moment, da wird mir klar: Hier geht's um die Qabbalah!

Gelb sieht aus wie Gold.
Nicht die anderen Zutaten aber der gelbe Safran erinnert mich an das Gold einer Krone, an das Kronenchakra.

Warum müssen es sieben Zutaten sein und nicht nur fünf?

Also Butter, Mehl, Zucker, Salz, Eier. Ach, und Milch, also gut, sechs.

Nein. Es müssen sieben sein. Denn auch die Zahl Sieben erinnert mich an die sieben landläufig bekannten Chakren.

Die Chakren sind in Wahrheit die Geheimlehre der Kabbalah.
Sie sind ihr Geheimnis.
Das sehe ich so.
Und die Menorah mit ihren sieben Kerzen ist auch Ausdruck der sieben Chakren. Der sieben meist bekannten Hauptchakren.
Sieben Lichter – sieben Räder des Lichts.
Und es gibt ein Buch mit sieben Siegeln, auch damit sind die Chakren gemeint. Ich öffne diese Siegel, denn ich bin das Lamm, das geschlachtet ist, ich bin würdig, zu nehmen Kraft und Reichtum und Weisheit und Stärke und Ehre und Preis und Lob. Ich bin der, der auf dem Thron sitzt und ich bin das Lamm, dem sei Lob und Ehre und Preis und Gewalt von Ewigkeit zu Ewigkeit.
Natürlich kann man die Sieben als Symbol für sieben Feste deuten. Für mich sind die sieben Kerzen Ausdruck der sieben Chakren. Oder neun Lichter für neun Chakren. Das geht auch. Ist sogar noch besser.
Feste sind in Ordnung, Energiewirbel sind in Ordnung – ich sehe es aber so, dass die Menorah die verschlüsselte Chakrenlehre darstellt: für mich sind es Chakren, beides ist möglich.
Außerdem glaube ich, das verborgene Wissen um die Räder des Lichts ist älter als die Feste.

Na, wie auch immer, es ist interessant, womit ich mich hier beschäftige.

Ich interessiere mich brennend für die Literatur meines Onkels und bald, wenn ich zurück ins Lazarett fahre, um mich gesund schreiben zu lassen und zu meiner Einheit heimkehre an die Westfront, wird mein Herz wieder dem Fliegen gehören, der Front und meinen Kameraden.

Denn das ist es, wofür ich kämpfe und wofür mein Herz schlägt:

Diese Drei: Das Fliegen, die Front und meine Kameraden.

So.
Und was wird jetzt aus Wu Wei?
Wu Wei ist das Prinzip des Tao, das „Geschehenlassen".
Es ist von Lao – Tse oder von Dschuang – Dsi, so viel weiß ich schon.
Gefühlt habe ich es von Lao – Tse damals persönlich übermittelt bekommen. Aber ich hatte es nicht verstanden.
Damals.
Lao – Tse und der König von Jao: Zwei Seiten einer Münze. Der weise Alte und der dumme Junge.
Was wären die Weisen ohne die Dummen?
Damals war ich dieser dumme Junge, der König von Jao. Das weiß ich, weil ich es fühle, hier, ganz tief in meinem Herzen! Denn dort sammele ich alle meine Erinnerungen!

Und das Königreich Jao, das war in einer Zeit, als die Reiche noch stritten, die sieben streitenden Königreiche des späteren China.

Und dann einte ich diese Reiche. Ich lebte ja dort. War dort geboren.

Ich hatte ihr ständiges Hadern satt!

Ich einte, was zusammen gehört !!

Denn ich war und ich bin Chin, der Einiger der Sieben Königslande!

Ich.

Ich. Ich nannte mich Chin Shi Huang Di.

Di. Das heißt: Der Göttliche.

So ist es.

Denn China ist **MEIN** Reich. Das Reich der Mitte. Das Reich des Drachen.

Meine Seele, mein Geist weht immer noch in ihm. Und ich bin sein Auge:

DAS AUGE DES DRACHEN!

Ja! Dies erkenne ich hier: In der Weihnachtsbäckerei!!!

Ein weiterer schöner und viel sagender Film ist „Die Legende von Ang".

Auch hier wird erläutert, dass eine Seele viele Gestalten annehmen kann und dass es gut möglich ist, dass dabei die selbe Seele mal in männlicher, mal in weiblicher Gestalt den Menschen begegnet oder auch in einer Form dazwischen.

Schon die keltischen Kulturen verehrten nämlich die Drei, Dreigestalt und Dreieinheit, denn sie hatten keine dualistische Weltsicht wie wir heute. Statt dessen erkannten sie, dass es auf der Welt nicht nur „schwarz" und „weiß" gibt oder „gut" und „böse", sondern auch immer ein Drittes davon, etwas, das bezeichnet werden kann als „das dazwischen".

Auf unsere menschliche Biologie übertragen ein „drittes Geschlecht".

Von dem habe ich euch bereits in meinem Buch „Gott macht Urlaub – wegen Corona vorübergehend geschlossen" erzählt und gehe somit an dieser Stelle nicht mehr näher darauf ein.

Bei der „Legende von Ang" wird die Thematik der Dreigestalt aufgegriffen. Auch diese Erzählung geht auf die Geschichte des Baldur zurück, der immer wieder auf die Erde kommt, um den Menschen die Lehre des Lichts zu verkünden, mal in der Form von Engeln, Cherubim, mystischen Wesen, mal in Gestalt des Königs Gilgamesch oder des Lehrers Zarathustra, der den Menschen die Lehre von der Wiedergeburt der Seele und ihrem feinstofflichen Lichtkörper nahe bringt.

Ob diese Bemühungen dann bei den Menschen fruchten, ist eine andere Frage.

Eine Lichtgestalt muss demnach die Menschen oft durch Zeiten der Dunkelheit führen, weil sie das Wesen des inneren Lichts offenbar nur schwer verstehen.

Deshalb kommt Baldur, Sohn der Perchta und Sonnengott dann auch als Arminius auf die Welt, genannt Hermann, Hermann der Cherusker, Vater Germaniens.

Und als Jesus Christus, Sohn JHWHs, der den Menschen zeigen will, dass das Leben mit dem physischen Tod nicht endet (diese Wahrheit steckt hinter der Demonstration seines Kreuzestodes) und dass die Seele durch viele Läuterungsstufen gehen muss um schließlich ins göttliche Licht zu gelangen.

Wenn wir an Weihnachten den Christbaum mit dem Stern darauf, der wie die Lotuspflanze Symbol unseres Weges von der Dunkelheit – also unserer Unwissenheit – zum Licht – also unserer Erkenntnis unserer Selbst ist, mit Christbaumkugeln schmücken, so sind diese Symbol des inneren Lichtes, das wir alle in uns tragen.

Goldene Kugeln, wie Perlen aus Licht wohnen in jedem Herzen, im Zentrum eines jeden Herzchakras und sind das „Fünkelein", von dem Meister Eckhart spricht.

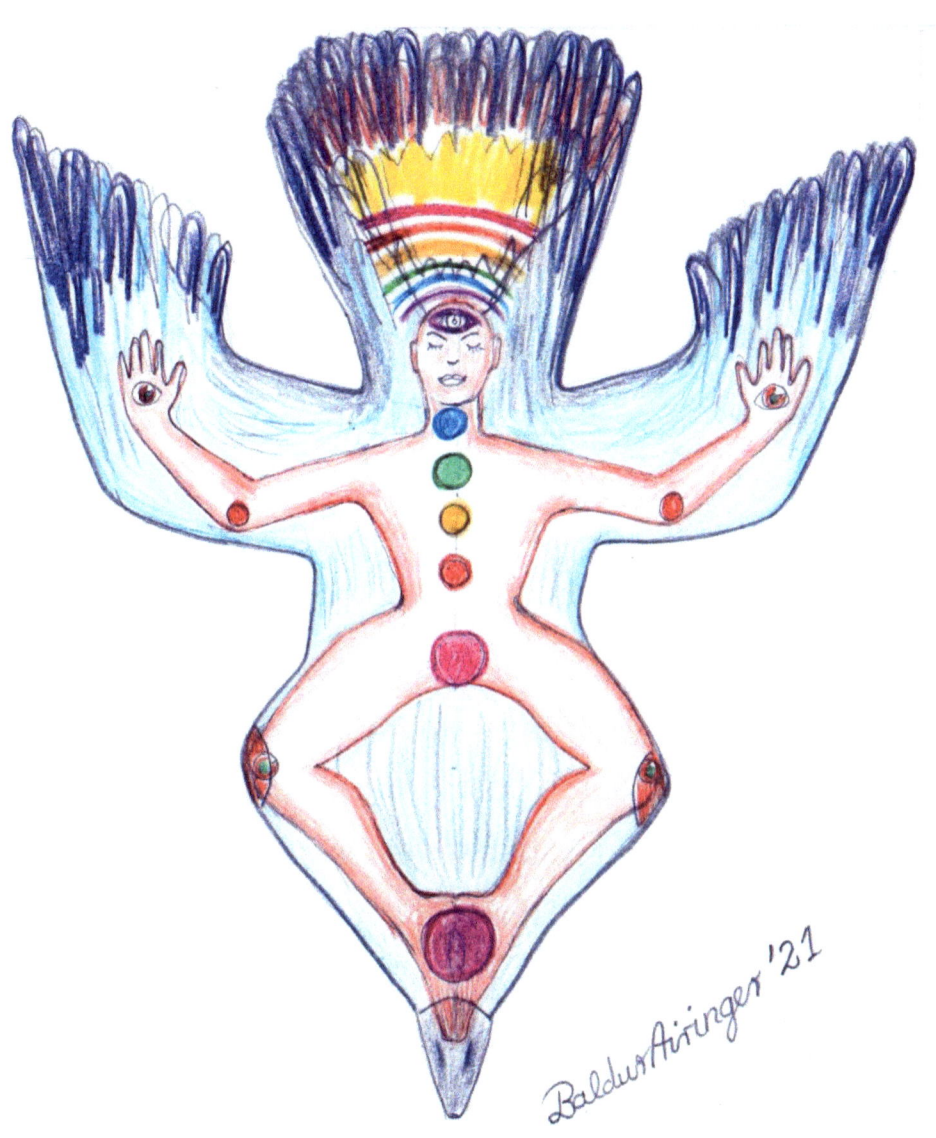

BaldurAiringer '21

…so!

Nun wisst Ihr bescheid über Baldur, den Sohn der Perchta!

Die Rauhnächte und der Gott des Lichts sind zwei Seiten EINER Münze!!

Wer das Licht in der Dunkelheit erblickt, sein inneres, spirituelles Licht, ist auf dem richtigen Wege.

Schon Otto Waalkes hat das geschafft, als er uns die alte, gute Geschichte von Catweazle, dem Angelsächsischen Zauberer, der vor den Normannen fliehen wollte, in seiner sympathischen, liebenswürdigen und unnachahmlichen Weise erzählt hat.

Und denkt auch immer an Frau Mahlzahn, behaltet diesen alten Drachen, der zum goldenen Drachen wurde, ganz lieb in euren Herzen.

Denn Frau Mahlzahn, das bin ich, das ist Frau Perchta, das sind wir alle ab und zu.

Nun gibt es noch

einen kleinen Hinweis:

Schaut auch mal
auf meine beiden Youtube – Kanäle:

Auf meinem Kanal

Baldur Airinger

sind bereits folgende Videos:

Hoppeditz Erwachen in Duisburg

und

Literaturstunde

...schaut sie Euch mal an!!

Auf meinem Kanal

Baldur

sind folgende Videos:

Krieg und Frieden

Freundschaft – Pfingsten 2019

CORONA ALS CHANCE!! | Julien Bam, super Video!!

Spirituelle Welt | Teil 1

Spirituelle Welt | Teil 2

Der Pfad zum Herzen – Krieg und Frieden

schaut doch mal rein!!! . . .

Herstellung und Verlag: BoD – Books on Demand,
Norderstedt
ISBN: 9783756836765